DIEDERICHS GELBE REIHE

herausgegeben von Michael Günther

Thomas Cleary (Hrsg.)

Zen-Geschichten

Begegnungen zwischen Schülern und Meistern

Aus dem Englischen von
Konrad Dietzfelbinger

Eugen Diederichs Verlag

Die Originalausgabe erschien 1993 unter dem Titel
Zen Antics – A Hundred Stories of Enlightenment
bei Shambhala, Boston und London

Die Deutsche Bibliothek – CIP-Einheitsaufnahme
Zen-Geschichten : Begegnungen zwischen Schülern und Meistern / Thomas Cleary (Hrsg.). Aus dem Engl. von Konrad Dietzfelbinger. – München : Diederichs, 1997
(Diederichs Gelbe Reihe ; 132 : Japan)
ISBN 3-424-01352-8
NE: Cleary, Thomas [Hrsg.]; GT

Umschlaggestaltung: Zembsch' Werkstatt, München, unter Verwendung einer Zeichnung von Klaus Holitzka, Mossautal
Produktion: Tillmann Roeder, München
Satz: Fotosatz Otto Gutfreund, Darmstadt
Druck und Bindung: Pressedruck, Augsburg
Printed in Germany

ISBN 3-424-01352-8

Inhalt

Einleitung

Zen-Buddhismus ist eine Wissenschaft der Bewußtseinserweckung, eine Erleuchtungskunst. Zen wurde früher in ganz Ostasien in großer Formenvielfalt von Menschen der unterschiedlichsten Kulturen und Lebensstile ausgeübt. Er ist kein Dogmengebäude, sondern ein Weg zur Klärung und Entfaltung der Möglichkeiten des Bewußtseins.

Man hat den Zen-Weg einmal charakterisiert als »undoktrinären Weg ganz eigener Art, nicht durch Begriffe und Worte definiert, sondern direkt auf den menschlichen Geist einwirkend, mit dem Ziel, dessen Essenz wahrzunehmen und zur erfüllenden Erleuchtung zu gelangen«. Im Altertum galt Zen als »Schule des erleuchteten Herzens«, »Tor zum Ursprung«, »direkte Verständigung von Geist zu Geist«. Als solcher absorbierte und durchdrang er Theorie und Praxis des Buddhismus in dessen vielfältigen Formen, blieb dabei aber stets auf die Methoden der praktischen Verwirklichung konzentriert.

Alle Lehren des Buddhismus kreisen um einen oder zwei der beiden Hauptaspekte des Buddhismus: Sich selbst und anderen helfen – Weisheit und Mitleid. Diese beiden Aspekte des Buddhismus werden durch Verfahren verwirklicht, die als die sechs und zehn »Vollkommenheiten« oder »transzendenten Wege« bekannt sind.

Man kann sich die Bedeutung dieser Regeln durch ein Wortspiel einprägen. Das ursprüngliche Sanskrit-Wort für Vollkommenheit, *pâramitâ*, bedeutet im weiteren Sinn: »das Ziel erreicht haben« oder »durchgedrungen sein«. Die *pâramitâs* können nun durchaus als die »Parameter« des Buddhismus bezeichnet werden, die charakteristischen Grundprinzipien, auf denen alle buddhistischen Schulen beruhen.

Der Aspekt des »Sich-selbst-Helfens« wird im Buddhismus durch die sechs *pâramitâs* Geben, Disziplin, Geduld, Energie, Meditation und Einsicht umschrieben.

Die Tradition des Buddhismus kennt drei Hauptarten des Gebens: Geben materieller Hilfe, Geben von Sicherheit und Geben von Unterricht. Geben bedeutet aber auch Loslassen, Freisein von Bindungen.

Auch von drei Hauptarten der Disziplin spricht die Tradition: der Disziplin des Widerstands gegen das Böse, der Disziplin konstruktiver Güte und der mit der Konzentration zusammenhängenden Disziplin. Zen lehrt darüber hinaus die Disziplin des Geistes, der ohne Formen ist.

Im Buddhismus werden weiter viele Arten der Geduld geübt, unter anderem die Geduld im Ertragen von Verachtung und Schmähung, die Geduld, schmerzhafte Wahrheiten hinzunehmen, und die Geduld, die letzte Wahrheit zu akzeptieren.

Energie bezieht sich auf das Durchhaltevermögen und den spirituellen Heldenmut, den der Mensch braucht, um die Schranken seiner Konditionierungen zu durchbrechen, das Bewußtsein von unnötigen Gewohnheitsgrenzen zu befreien und sein Potential auszuschöpfen.

Meditation hat der Mensch nötig, um sich so sammeln und so tief konzentrieren zu können, daß er die Wahrnehmung und Erfahrung des eigenen Selbstes und der äußeren Welt willentlich zu verändern vermag. Im Buddhismus ist gerade die Wissenschaft der Meditation zu seltener Blüte ausgebildet und vervollkommnet worden. Unzählige Methoden hat man entwickelt, abgestimmt auf jedes nur denkbare Bedürfnis von Menschen der unterschiedlichsten Fähigkeiten und Möglichkeiten.

Einsicht bezieht sich im Buddhismus im allgemeinen auf eine besondere Art der Erkenntnis, einen ahnenden oder intuitiven Sinn für das Wesen der Dinge, der spontan und unmittelbar ohne Dazwischentreten des linearen Denkens arbeitet. Dadurch vermag der Geist auf einem höheren

Niveau der Objektivität und Integrität zu wirken und befreit auf diese Weise den Menschen von Illusionen.

Es gibt unzählige Varianten der Verwirklichung dieser sechs *pâramitâs*. Welche praktiziert werden, hängt jeweils von den Bedürfnissen des Betreffenden ab. Auf jeden Fall aber müssen alle sechs gemeinsam entwickelt werden, wenn der erwünschte Effekt erzielt werden soll. Man kann also die sechs *pâramitâs* in gewissem Sinn zwar durchaus als ein Nacheinander auffassen, doch begreift man sie adäquater als System, das in Form eines Kreises dargestellt werden kann. Solange der Übende sich im Anfangsstadium befindet, lassen sich die sechs Vollkommenheiten als komplementäre Paare betrachten.

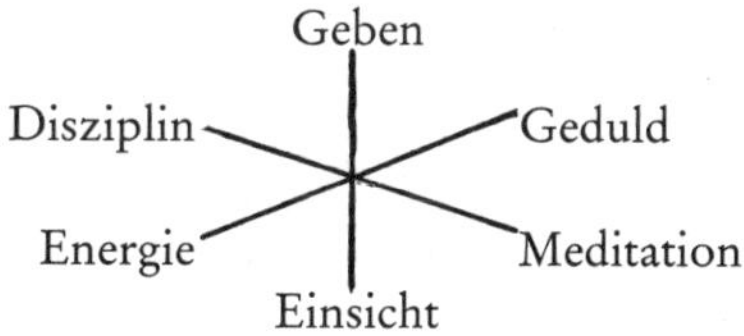

Übung und Verwirklichung jedes der sechs *pâramitâs* sind mit Übung und Verwirklichung aller anderen gekoppelt. Sie ergänzen und vervollkommnen einander. In der Zen-Überlieferung spricht man im Zusammenhang mit der »Öffnung der Einsicht« oft von Erwachen oder Erleuchtung, doch ist hier nur die Stufe gemeint, auf der der Übende die sechs *pâramitâs*, in einer höheren Einheit verbunden, erlebt, nicht die höchste und vollkommene Erleuchtung, von der die buddhistischen Schriften berichten.

Diese höchste und vollkommene Erleuchtung nämlich wird erst durch ein weitergehendes Programm von zehn *pâramitâs* erreicht, durch das sich der Übende die Fähigkeit erwirbt, nicht nur Erleuchtung für sich selbst, sondern auch die größere Erleuchtung zu finden, durch die er andere befreien kann.

Diese zehn *pâramitâs* bestehen aus den ersten sechs, ergänzt durch vier höhere Vollkommenheiten von immer größerer Feinheit: die Fähigkeit der Verfügung über geeignete Mittel, die Fähigkeit der Hingabe und Treue, die Fähigkeit der Macht und die Fähigkeit der Erkenntnis.

Die Fähigkeit der Verfügung über geeignete Mittel besteht darin, daß der Betreffende Methoden zur Befreiung und Erleuchtung anderer Menschen entwickelt und anwendet. Im Buddhismus sind im Lauf der Jahrhunderte zahlreiche derartiger Methoden entwickelt worden, je nach den Bedürfnissen und Möglichkeiten der psychologischen Menschentypen, individuell und kollektiv gesehen, und unter den verschiedensten kulturellen Voraussetzungen.

Die Fähigkeit der Treue oder Hingabe ist ein zielgerichteter Wille, der das individuelle Bewußtsein mit der Totalität des Buddhismus verbindet. Dadurch werden die Entwicklung des eigenen Selbstes und das Wohl anderer zu einer untrennbaren Einheit verschmolzen. Die buddhistische Literatur beschreibt zahlreiche typische Treuegelöbnisse in bezug auf das Wohl, die Befreiung und die Erleuchtung anderer Menschen. Sie alle aber beruhen auf ein und denselben Grundprinzipien.

Die Fähigkeit der Macht bezieht sich auf das Erwecken höherer Vermögen und geistiger Gaben mit dem Ziel, die Wirksamkeit aller zehn *pâramitâs* in ihrer Gesamtheit zu dynamisieren. Man ist im Buddhismus zwar davon überzeugt, daß diese Vermögen in allen Menschen schlummern und die geistigen Gaben prinzipiell überall verfügbar sind. Doch sind sie durch Illusionen und Verstrickungen des Menschen in die vergänglichen Dinge verschüttet, so daß sie nur gemeinsam mit der Realisierung der anderen neun *pâramitâs* aktiviert werden können.

Die Fähigkeit der Erkenntnis, der zehnte *pâramitâ* des Buddhismus, ist ein derart umfassendes Prinzip, daß es in all seinen Spezifikationen und Verzweigungen kaum adäquat umschrieben werden kann. Es enthält die Kenntnis der Künste und Wissenschaften des Wachseins, der Selbsterkenntnis und Freiheit, des Erfassens und der Unterscheidung absoluter, relativer und konventioneller Wahrheiten; Wahrheiten; der Harmonisierung von Intuition, Imagination und Verstand; und des zielgerichteten Lebens und sinnhafter Tätigkeit, die sich jedem Umstand anzupassen in der Lage ist.

Da diese zehn *pâramitâs* ebenfalls als dynamische Einheit zusammenwirken, ist es vorteilhaft, sie gleichfalls in Gestalt eines Kreises oder einer Kugel darzustellen. Auch hier kann man sich die Wirksamkeit der zehn *pâramitâs* in Form komplementärer Paare vorstellen. Jeweils zwei liegen an entgegengesetzten Polen von fünf Parametern oder Ebenen und werden erst endgültig wirksam, wenn sich alle zehn *pâramitâs* vollends durchdringen.

Die Erfahrungen mit den zehn *pâramitâs* sind unendlich reichhaltig und komplex, weshalb unzählige Methoden entwickelt worden sind, sie zu lehren und miteinander in Einklang zu bringen.

Auch der Zen stellt hierfür eine Reihe von Techniken zur Verfügung. Berühmt aber ist er vor allem für seine Anekdoten, die dem Bewußtsein in konzentriertester Form erste Eindrücke von den zehn *pâramitâs* vermitteln. Sie führen den Sucher Schritt für Schritt zu einer abgerundeten, in sich geschlossenen Vorstellung und Erfahrung des gesamten Potentials der *pâramitâs*.

Diese Geschichten sind nicht unbedingt historisch im üblichen Sinn. Wie alle historischen Tatsachen ist auch die Geschichte des Zen größtenteils nicht in Büchern festgehalten, womit ja auch die konventionelle Geschichtsschreibung ihre Probleme hat. Die eigentliche Absicht der Zengeschichten besteht nicht darin, Ereignisse der Vergangenheit zu dokumentieren, sondern eine aktuelle Wirkung auf den Leser auszuüben. Das ist ihre historische Dimension.

Diese Geschichten bieten auch ganz bestimmt keine soziologische Typenlehre. Die in ihnen auftretenden Gestalten stammen aus längst vergangenen Zeiten, können dem modernen Menschen also nicht als Verhaltensmuster dienen.

Doch die Prinzipien und Aktivitäten, die sie repräsentieren – die zehn *pâramitâs* des Buddhismus – existieren und können aktiviert werden. Sie müssen heute wie zu allen Zeiten verwirklicht und angewendet werden, hier und überall, angepaßt den besonderen Umständen und Bedürfnissen von Zeit, Ort und Bewußtsein.

Thomas Cleary

Zen-Geschichten

Das Tempeltor

Es lebte einst ein reicher Mann namens Hei-zayemon, der die von den alten Weisen empfohlenen Tugenden zu verwirklichen strebte.

Mit Ernst und Eifer pflegte er die Tugend der Freigebigkeit, gab großzügig von seinem Reichtum ab und vollbrachte Taten der Wohltätigkeit, Nächstenliebe und Güte.

Viele Kinder armer Familien wurden durch sein Eingreifen gerettet, und zum Wohl des Volkes finanzierte er den Bau so mancher Brücke und Straße in seiner Provinz.

Vor seinem Tod bestimmte er testamentarisch, seine Hinterlassenschaft solle von seinen Nachkommen weiterhin zu Wohltätigkeitszwecken verwendet werden, und Kinder und Kindeskinder achteten seinen Willen.

Es wird erzählt, eines Tages sei an der Tür Hei-zayemons ein buddhistischer Ordensbruder erschienen. Der Mönch hatte von der Selbstlosigkeit des reichen Mannes, die dazumal bei den Begüterten nicht gerade üblich war, gehört und bat ihn um Geld zum Bau eines Tempeltors.

Der Menschenfreund aber lachte dem Bruder nur ins Gesicht und sagte: »Ich helfe Menschen, weil ich sie nicht leiden sehen kann. Was aber ist so Schlimmes an einem Tempel ohne Tor?«

Der Lehrer des Hohepriesters

Es war einmal ein Hohepriester einer Zensekte. Sein Schutzherr war der Feudalherr der Provinz persönlich. Immer, wenn sich der Priester in die Hauptstadt begab, um den Herrn in seiner Residenz zu besuchen, reiste er in Pracht und Herrlichkeit mit großem Gefolge und Trara.

Auf einer solchen Reise geschah es, daß sich die Reiter an einer Station, wo die ganze Gesellschaft Rast machte, neue Fußbekleidung kaufen wollten. Auf Empfehlung der dortigen Träger ließen sie einen alten Mann kommen, von dem es hieß, er fertige die besten Strohsandalen an.

Als nun dieser Alte mit ein paar neuen Sandalen für die Reiter herüberkam, sah ihn der Hohepriester durchs Fenster seiner Sänfte und fiel fast in Ohnmacht.

Der alte Sandalenmacher war niemand anderes als Tôsui, der erleuchtete Zenmeister. Er war vor vielen Jahren, bevor er auf geheimnisvolle Weise aus dem Tempel verschwand, des Priesters eigener Lehrer gewesen.

Erschrocken und bestürzt sprang der Hohepriester aus seiner Kutsche, warf sich dem Alten zu Füßen und bekundete ihm Respekt und Verehrung.

Tôsui war sehr freundlich zu ihm und sprach von alten Zeiten. Beim Abschied aber sagte der Meister zu dem Priester: »Achte darauf, daß du dich in Gesellschaft von Vornehmen nicht von ihrer Art anstecken läßt!«

Reinheit des Herzens

Einst stießen aussätzige Bettler zur Gemeinschaft des Zenmeisters Bankei, eines weitherzigen Lehrers des Volkes. Bankei nahm sie als Schüler an, und als er sie initiierte, wusch und schor er ihnen eigenhändig das Haupt.

Nun traf es sich, daß bei dieser Zeremonie auch der Beauftragte eines Feudalherrn zugegen war, der an Bankei glaubte und schon einen Tempel in seiner Provinz gebaut hatte, wo der Lehrer Schüler ausbilden und das Volk unterrichten konnte.

Bestürzt vom Anblick eines Zenmeisters, der Unberührbaren den Kopf rasierte, holte der Beauftragte hastig ein Bekken herbei, in dem sich Bankei die Hände waschen sollte. Doch der Meister lehnte mit den Worten ab: »Dein Ekel ist mir widerlicher als ihre Schwären.«

Der alte Teeverkäufer

Es war einmal ein alter Mann, der eine mobile Teeküche in der landschaftlich reizvollen Umgebung Kyotos, der alten japanischen Kaiserstadt, betrieb.

Im Frühling stellte er sich an die Plätze mit den schönsten Blumen und im Herbst unter die Bäume mit dem buntesten Laub. Dorthin brachte er seine Teegeräte, machte Sitze zurecht und wartete auf Ausflügler, die die Schönheit der Gegend genießen wollten.

Die Schönheitshungrigen Kyotos waren begeistert und begaben sich immer dorthin, wo der Mann seine Zelte aufschlug.

Nicht lange, und jedermann in der Hauptstadt kannte den alten Teeverkäufer.

Aber nur wenige wußten, daß der Alte insgeheim ein Zenmeister war. Seit seiner Kindheit hatte er sich mit Zen befaßt und buddhistische Lehrer überall im Land aufgesucht. Ständig unterwegs und nur dem Studium des Buddhismus ergeben, hatte er keine irdischen Besitztümer.

Als er die Zen-Erweckung erlangt hatte, widmete er sich erst recht ununterbrochenen Studien und der Arbeit an sich selbst, wollte er doch keinesfalls vom Pfad, der zur Vollendung und Erleuchtung führt, abirren, indem er vielleicht zu früh als Autorität für andere auftrat.

Nach ausgedehnten Reisen kehrte der Meister an seinen Geburtsort zurück und half seinem ersten Zenlehrer. Als dieser starb, bestimmte der Meister einen der Schüler zum Abt des Klosters.

Er selbst zog sich zurück, ging nach Kyoto und verzichtete für den Rest seines Lebens auf geistliche Ämter. Er sagte: »Ob jemand sich seinen Lebensunterhalt auf die richtige Weise verdient, hängt von seinem Bewußtsein, nicht von seinem Äußeren ab. Ich möchte nicht vom Mönchsgewand profitieren und auf Kosten anderer von Almosen leben.«

Also fing er an, um sich die Existenz zu sichern, Tee zu verkaufen. Er pflegte im Scherz zu sagen: »Ich bin arm und kann mir kein Fleisch leisten, ich bin alt und kann kein Weib mehr befriedigen. Für mich ist der Beruf des Teeverkäufers gerade richtig.«

Schließlich verbrannte der Meister all sein Teegerät und zog sich endgültig zurück. Er starb im Jahre 1763 im Alter von 89 in einer Einsiedelei.

Immer, wenn der Alte das Geschäft eröffnete, hängte er ein Schild aus:

«Der Tee kostet nichts. Freiwillige Spenden erwünscht, von hundert Pfund Gold bis zu einem Pfennig. Was Besseres kann ich euch nicht bieten.«

Während er, kurz bevor er sich endgültig zurückzog, seine Geräte verbrannte, redete er seinen Tragkorb mit folgenden Worten an:

«Lieber Tragkorb, stets bin ich einsam und arm gewesen, ohne ein Stückchen Grund und Boden oder eine Hacke, es zu bearbeiten. Du hast mir so manches Jahr geholfen, hast mich zu den Frühlingsbergen und Herbstströmen begleitet und mit mir Tee unter Pinien und im Schatten der Bambushaine verkauft. Nie hat es mir daher an Geld für Nahrung gefehlt, und über achtzig Jahre bin ich am Leben geblieben.

Aber jetzt bin ich so alt, daß es mir an Kraft gebricht, dich weiter zu benutzen. Ich berge meinen Körper im Polarstern und beende jetzt meine Tage. Damit du aber in Zukunft durch irdische Hände nicht verunehrt wirst, belohne ich dich mit der Verzückung des Feuers: Verwandle dich in den Flammen!

Wie können wir diese Verwandlung beschreiben?

Der Feuerbrand macht dem abgelaufenen Äon unwiderruflich ein Ende. Alles wird von ihm verzehrt. Doch wie eh und je ragen die grünen Berge in die weißen Wolken. Damit übergebe ich dich dem Geist des Feuers.«

Sparsamkeit

Sôkai war so arm, daß er außer einem einzigen Gewand kein Kleidungsstück besaß. Er trug es das ganze Jahr über und bei jedem Wetter.

Eines schönen Sommertages wusch Sôkai sein Gewand und hängte es an einen Baum zum Trocknen. Während er darauf wartete, daß es trocknete, setzte er sich splitternackt in den Friedhof hinter dem Tempel.

Wie es der Zufall wollte, stattete der Herr der Provinz gerade an diesem Tag dem Grab seines Vaters einen Besuch ab. Natürlich erschrak er sehr, als er einen nackten Mönch so zwischen den Gräbern sitzen sah.

Er fragte Sôkai, was er da tue, und dieser antwortete der Wahrheit gemäß. Gerührt von Sôkais Offenheit, ließ ihm der Herr ein paar Kleider machen. Als später Sôkai Zenlehrer geworden war, wurde der Herr sein Schüler.

Zen für Regierende

Eines Tages stellte der Gouverneur einer Provinz Zenmeister Shôsan Fragen über die wichtigsten Grundsätze des Buddhismus.

Der Meister antwortete:

»Für dich ist es wichtig, deine Provinz immer fest im Auge zu behalten. Das kannst du aber nicht, wenn du nachlässig bist. Sei also jederzeit achtsam und treffe deine Entscheidungen als Regierender mit Milde und Einfühlungsvermögen.

Und wenn du wirklich Erfolg haben willst, mußt du deine Leute gründlich kennen- und beurteilen lernen. Im allgemeinen wird ein Regierender, der engherzig ist und die ihm anvertrauten Menschen nicht richtig beurteilen kann, nur Schwierigkeiten bekommen. Dann verliert er die Beherrschung und muß sich mit Leuten herumschlagen, die die Beherrschung verloren haben. Das wäre doch wirklich dumm!«

Selbsterforschung

»Selbsterforschung« war eine vom Zen beeinflußte Laienbewegung zur Vervollkommnung der Persönlichkeit. Eines Tages kam ein Anhänger dieser Bewegung zu Zenmeister Shôsan und fragte ihn nach den wichtigsten Grundsätzen des Buddhismus.

Der Zenmeister sagte: »Buddhismus ist keine Methode für den Verstand, den Körper zu beherrschen. Er ist eine Methode, ohne an Vergangenheit oder Zukunft zu denken, rein im gegenwärtigen Augenblick zu leben und ihn nicht ungenutzt verstreichen zu lassen. Deshalb ermahnten die Alten die Menschen stets, in erster Linie auf die Zeit zu achten, das heißt, das Bewußtsein streng unter Kontrolle zu halten, alles andere, sei es gut oder schlecht, nicht zu beachten und sich vom Ich freizumachen.

Außerdem ist es zur Neuordnung des Bewußtseins gut«, so fuhr der Zenmeister fort, »das Prinzip von Ursache und Wirkung sehr genau zu beobachten. Wenn uns zum Beispiel andere hassen, sollten wir nicht böse auf sie sein, sondern uns selbst kritisieren und fragen, warum uns Menschen scheinbar ohne Grund hassen. Wir müssen dann davon ausgehen, daß die Ursache für diesen Haß in uns selbst liegt und daß es vielleicht noch andere, uns bisher unbekannte Ursachen in uns gibt.

Im Wissen, daß alle Dinge Wirkungen von Ursachen

sind, sollten wir keine Urteile aufgrund subjektiver Vorstellungen fällen. Aufs Ganze gesehen, ereignen sich die Dinge nicht nach Maßgabe subjektiver Vorstellungen, sondern gemäß dem Naturgesetz. Bist du dir dessen stets bewußt, wird in deinem Denken große Klarheit herrschen.«

Gelassenheit

Der Lehrer der Nation Daitô Kokushi, dessen Ehrentitel »Große Leuchte, Lehrer der Nation« lautete, war einer der Gründer der berühmten Ô-Tô-Kan-Schule des Rinzai-Zen. Er starb im 14. Jahrhundert.

Dem Brauch der alten Zenschulen gemäß verschwand Daitô nach seiner Erleuchtung aus dem Kloster, um, im Trubel der Welt verborgen, seine Erfahrungen reifen zu lassen.

Erst Jahre später entdeckte man ihn, wie er in Gesellschaft heimatloser Bettler unter einer Brücke in Kyoto lebte. Von dort holte man ihn, und er wurde Lehrer des Kaisers.

Daitô schrieb einmal ein Gedicht über sein Leben als Asozialer:

Sitzend in tiefer Versenkung
Siehst du die Menschen
Kommen und gehen
Über die große Brücke
Wie Bäume, die im Gebirge wachsen.

Objektivität

Zenmeister Tenkei galt als einer der acht größten buddhistischen Adepten seiner Zeit. Als Meister aller Schulen trug Tenkei zur Wiederbelebung des Zen Anfang des 18. Jahrhunderts bei, indem er viele erleuchtete Schüler ausbildete und zahlreiche Werke in klassischem und modernem Stil schrieb.

Einmal zitierte Tenkei das berühmte Gedicht des Lehrers der Nation Daitô und trug dann seine eigene Fassung vor:

Sitzend in tiefer Versenkung
Siehst du die Menschen
Kommen und gehen
Über die große Brücke
So wie sie eben sind.

Zen und Regierungskunst

Ein großer Herr pflegte Zenmeister Tenkei zu sich kommen zu lassen und über das Wesen des Buddhismus zu befragen. Als der Meister krank auf dem Sterbebett lag, schickte der Herr einen Boten, der sich nach ihm erkundigen sollte. Tenkei sandte den Boten zurück und ließ ausrichten:

»Einen Haushalt und einen Staat zu führen, ist auch Teil der Religion. Achte darauf, in allen politischen Entscheidungen menschlich zu handeln, damit Vertrauen und Harmonie zwischen Regierendem und Regierten herrschen. Das ist mein letzter Ratschlag.«

Den Hintern eines Buddha abwischen

In der Schülergruppe von Zenmeister Hakuin befand sich ein verrückter Mönch, der sich einbildete, die Identität seines Selbstes mit dem Buddha verwirklicht zu haben. Er zerriß buddhistische Schriften und benutzte die Blätter als Toilettenpapier.

Andere Mönche stellten ihn deswegen zur Rede. Ihn aber ließ das kalt, und hochmütig gab er zurück: »Was ist Verkehrtes dran, wenn man den Hintern eines Buddha mit buddhistischen Schriften abwischt?«

Einer hinterbrachte das dem Meister Hakuin, der den verrückten Mönch fragte: »Man erzählt mir, du benützt buddhistische Schriften als Toilettenpapier. Stimmt das?«

Der verrückte Mönch sagte: »Ja. Ich bin ein Buddha. Was ist Verkehrtes dran, wenn man den Hintern eines Buddha mit buddhistischen Schriften abwischt?«

Hakuin sagte: »Du irrst. Da es der Hintern eines Buddha ist, warum benützt du dann altes, schon beschriebenes Papier? Du solltest den Hintern mit reinem weißen Papier abwischen!«

Da schämte sich der verrückte Mönch sehr und entschuldigte sich.

Verhalten

Ein Mönch fragte Zenmeister Bankei: »Es schadet doch nichts, in ausgelassener Stimmung einmal Scherze zu machen?«

Bankei sagte: »Du kannst es ruhig so machen – falls du dir das Vertrauen deiner Mitmenschen verscherzen willst!«

Denkkunst

Ein großer Herr kam zu Meister Bankei, um ihn über die »Denkkunst« des Zen zu befragen. Statt jedoch über diese Frage erfreut zu sein, schalt Bankei den Herrn mit den Worten: »Ich habe erfahren, daß du einen weltlichen Gelehrten entlassen hast. Schon seine weltliche Gelehrsamkeit hast du also nicht erkannt. Wie kannst du es da wagen, nach der Denkkunst des Zen zu fragen?«

Erwachen

Zenmeister Setsugen sagte zu seinem Schüler Jijô: »Wenn du in nie vom Ziel abirrender Ausrichtung ohne Unterbrechung sieben Tage und Nächte meditierst und doch die Verwirklichung nicht erreichst, darfst du mir den Kopf abschlagen und aus meinem Schädel einen Kotspatel machen!«

Nicht lange danach erkrankte Jijô an Durchfall. Er ging mit einem Eimer an eine einsame Stelle, setzte sich auf den Eimer und verharrte in rechter Achtsamkeit.

Als er so sieben Tage hintereinander auf dem Eimer gesessen war, hatte er plötzlich das Gefühl, die von hellem Mondlicht übergossene Welt sei eine Schneelandschaft und das ganze Weltall zu klein, um ihn, Jijô, zu fassen.

Lange Zeit blieb er in diesen Zustand versunken, als er plötzlich ein Geräusch hörte und wieder zu sich kam. Sein ganzer Körper war in Schweiß gebadet, seine Krankheit gewichen. Er feierte dieses Ereignis, indem er einen Vers schrieb:

Strahlend, geistig – was ist das?
Sobald du blinzelst, hast du es schon verloren.
Der Kotspatel in der Toilette blinkt im Licht.
Ach, ich war es ja die ganze Zeit selbst!

Die letzte Antwort

Zenpriester Taigu wurde gebeten, das Amt eines Tempelabtes anzutreten. Eine Frau aus der Gegend, die gerade ein Kind verloren hatte, suchte den neuen Abt auf und bat ihn, das Bestattungsritual zu übernehmen.

Die Frau sagte weiter: »Ich würde mich glücklich schätzen, wenn Sie mir Ihr Mitgefühl schenkten und mir erklärten, wohin mein Kind gegangen ist.«

Auf diese Frage wußte Taigu keine Antwort, und die Frau verließ ihn heftig weinend.

Da sagte der Zenpriester zu sich selbst: »Ich hatte mir eingebildet, die Verwirklichung erreicht zu haben. Aber die Frage dieser Frau hat mir gezeigt, daß ich das Wichtigste noch gar nicht weiß. Was soll mir dann das Leben als Tempelabt?«

Und Taigu gab seine Stellung auf und ging in die Welt, um sein Verständnis vom Zen zu vertiefen.

»Bauch«

Ein großer Herr, der bei Bankei Zenunterricht nahm, war noch jung und liebte den Kampfsport. Eines Tages entschloß er sich, des Meisters »Bauch« zu testen. Er stürzte, während der Meister ruhig dasaß, mit geschwungenem Speer auf ihn zu.

Doch der Zenmeister spielte ruhig mit der Gebetsperlenkette und reagierte gar nicht auf die Drohung. Schließlich sagte er zu dem Herrn: »Deine Technik ist noch unreif. Dein Denken hat sich zuvor bewegt.«

»Laß dich nicht stören«

Mugaku war einer der Begründer des Zen in Japan. In China geboren, erlebte er sein erstes Erwachen im Alter von zwölf Jahren, als er mit seinem Vater einen Tempel auf dem Land besuchte und folgenden Zenvers hörte:

Bambusschatten fegen die Stufen,
Doch nirgends bewegt sich ein Stäubchen.
Mondlicht dringt in die Tiefen des Teichs,
Doch bleibt keine Spur im Wasser.

Beim Einbruch der Mongolenhorden Kublai Khans in Südchina im Jahre 1275 floh Mugaku vor dem Krieg. Aber als im Jahr darauf auch die Provinz, in der er Zuflucht gesucht hatte, überrannt wurde, blieb er im Land.

Die Mongolenkrieger stürmten das Kloster, in dem Mugaku weilte. Alle anderen chinesischen Mönche und Klosterinsassen versteckten sich wie Mäuse in ihren Löchern.

Die Krieger näherten sich dem Zenmeister, der allein in der Halle saß, und drückten ihm die Spitzen ihrer Schwerter an den Hals. Aber gesammelt und in aufrechter Haltung sang Mugaku ruhig einen Vers:

> Im ganzen Weltall habe ich nicht genug Boden,
> Um auch nur die Spitze eines Spazierstocks draufzustellen.
> Da ist es mein Glück, daß ich entdeckt habe:
> Die Persönlichkeit ist leer und die Dinge enthalten nichts.
> Fahrt wohl, ihr Schwerter des Mongolenreichs!

Beeindruckt von der furchtlosen Haltung des Zenmeisters, steckten die Mongolenkrieger ihre Schwerter wieder ein und zogen ab.

1280 wurde Mugaku von Hôjô Tokimune, dem Regenten des Shogun, nach Japan eingeladen. Als Tokimune im Frühling des darauffolgenden Jahres den Zenmeister besuchte, schrieb dieser dem Regenten eine aus vier Worten bestehende Botschaft auf: »Laß dich nicht stören!«

Tokimune bat um nähere Erläuterung, und der Zenmeister antwortete: »Beim Übergang vom Sommer zum Herbst wird es in Südjapan Schwierigkeiten geben. Aber es wird bald wieder zu Ende sein. Mach dir also keine Sorgen!«

Gerade in diesem Herbst fiel dann eine Invasionsstreitmacht der Mongolen in Südjapan ein, wie es der Zenmeister vorausgesagt hatte. Und wie ebenfalls vorausgesagt, wurden die Eindringlinge zurückgeworfen, und schnell war der Friede wiederhergestellt.

Gewinn ohne Einsatz

Die »Methode, ohne Einsatz zu gewinnen« war eine von einem Krieger namens Tsukahara Bokuden gegründete Schule des Kampfsports. Eine berühmte Geschichte über ihn illustriert diesen Namen seiner Schule und die darin gelehrte Technik.

Bokuden, auf einer Reise nach Ostjapan unterwegs, fuhr einmal in einem kleinen Boot mit noch fünf oder sechs anderen Passagieren über eine Bucht.

Auf der Fahrt übers Wasser schwiegen alle Passagiere, mit Ausnahme eines großen, stämmigen Mannes, der mit lauter Stimme unaufhörlich redete und sich seiner unvergleichlichen Fähigkeiten im Kampfsport brüstete.

Zuerst versuchte Bokuden, den Grobian zu ignorieren und ein wenig zu schlafen. Doch schließlich wurde er der Prahlereien des Mannes müde und wandte sich an ihn: »Gut, jetzt hast du uns all deine Geschichten erzählt. Was ich dabei nicht verstehe, ist das große Gerede über den Kampfsport. Ich für meinen Teil habe mich von Kindheit an im Kampfsport geübt und die üblichen Formen erlernt. Aber bis jetzt habe ich nie versucht, jemanden zu schlagen. Ich habe immer nur danach getrachtet, zu lernen, wie man nicht verliert.«

Als der Raufbold das hörte, fragte er: »Welcher Schule des Kampfsports gehörst du an?«

Bokuden antwortete: »Der ›Methode, ohne Einsatz zu gewinnen‹ oder der ›Methode des Nicht-Verlierens‹.«

Der Mann entgegnete: »Wenn es sich darum handelt, ohne Einsatz zu gewinnen, warum bist du dann mit zwei Schwertern bewaffnet?«

Bokuden erwiderte: »Die beiden Schwerter der ›Verständigung zwischen Geist und Geist‹ nehmen der Einbildung die Spitze und schneiden die Auswüchse falscher Gedanken ab.«

Da forderte der Raufbold Bokuden zu einem Wettkampf

heraus: »Duellieren wir uns doch! Dann wird man schon sehen, ob du ohne Einsatz gewinnst!«

Bokuden sagte: »In diesem Fall wird das Schwert meines Herzens, das sonst ein lebenschenkendes Schwert ist, zu einem todbringenden Schwert werden, da mein Gegner ein schlechter Mensch ist.«

Da konnte sich der Stolze nicht länger bezähmen. Er befahl dem Steuermann, sofort anzulegen, damit er und Bokuden die Sache austragen könnten.

Bokuden aber blinzelte dem Steuermann heimlich zu und sagte zu dem Prahlhans: »Hier an der Küste ist ein belebter Hafen, da sind für ein Duell zuviel Menschen. Ich will dir die Methode, ohne Einsatz zu gewinnen, indem man nicht verliert, dort drüben zeigen, auf der kleinen Insel vor dem Kap da vorne. Ich bin zwar sicher, daß es die anderen Fahrgäste auf dem Boot eilig haben. Aber wenn du so darauf bestehst, fechten wir's eben aus.«

Der Steuermann fuhr also die Insel an, und kaum berührte das Boot den Strand, als der Kerl hinaussprang, sein langes Schwert zog und Bokuden zurief: »Her mit dir! Her mit dir! Ich spalte dir dein Gesicht mittendurch in zwei Hälften!«

Bokuden, noch an Bord, erwiderte: »Nur eine Minute! Für die Methode, ohne Einsatz zu gewinnen, braucht man einen ruhigen Kopf.« Damit nahm er seine Schwerter vom Gürtel, übergab sie dem Bootsmann und ergriff dessen Stange.

Einen Augenblick lang sah es so aus, als wolle Bokuden das Boot auf den Strand stoßen. Plötzlich aber stieß er in die entgegengesetzte Richtung ab, und das Boot schoß hinaus aufs Wasser.

Da schrie der Raufbold: »Hierher! Warum kommst du nicht hierher auf den Strand?«

Bokuden aber lachte und rief zurück: »Warum sollte ich? Willst du dich beschweren, so schwimm heraus zu mir, und ich will dir schon eine Lehre mit auf den Weg geben. Das ist die Methode, ohne Einsatz zu gewinnen!«

Zen-Einkehr

Eine Zeitlang lebte Zenmeister Taigu tief im Gebirge in der Gegend nördlich von Kyoto. Zur Erinnerung an diesen Aufenthalt schrieb er zwei Gedichte:

Keine Aufregung der Stadt mehr,
Kein Kampf der Meinungen:
Im Herbst fege ich
Die Blätter am Bach,
Im Frühling höre ich
Die Vögel in den Bäumen.

Der Frühling kommt zu den Menschen
Mit großer, allumfassender Güte.
In jeder Blüte
Liegt die Verheißung eines Buddha.
Unversehens ist der restliche Schnee
Weggeschmolzen.
Zehntausend Blüten öffnen ihre Lider
Gemeinsam, und alle sind eins.

Die Gründung eines Tempels

Als Zenmeister Taigu sich Mitte des 17. Jahrhunderts in die Hauptstadt Edo begab, äußerte der Shogun selbst, Tokugawa Iemitsu, den Wunsch, einmal mit dem Zenmeister zu sprechen.

Aber gerade in der Nacht, in der man den Meister zum Shogun einlud, verschwand er. Zehn Jahre lang hörte man nichts mehr von ihm.

In einem Herbst reiste Taigu seiner Arthritis wegen zu den heißen Quellen einer Provinz, um darin zu baden. Dann nahm er den Weg durch das Schneeland und verbrachte den Winter als Gast bei einem frommen Laienbuddhisten.

Wie es der Zufall wollte, kam der bedeutende Zenmeister Gudô, ein alter Freund Taigus, ebenfalls in dieses Haus. Als nun der Provinzgouverneur von der Anwesenheit dieser beiden großen Zenmeister auf seinem Gebiet hörte, lud er sie zu sich in den Palast. Sie sollten dort über die Lehre sprechen.

Der an seiner Arthritis leidende Taigu, der die steifen Beine kaum bewegen konnte, pflegte auf einem dicken Kissen zu sitzen. Als er und Gudô in den Empfangsraum des Gouverneurspalastes geführt wurden, legte der Gouverneur persönlich ein dickes Kissen auf Taigus Sitz, was beide sehr überraschte. Er hatte Taigus Zustand erkannt und behandelte ihn mit großer Zuvorkommenheit.

Da machte Gudô die Bemerkung: »Gouverneur, du bist zwar sehr aufmerksam, aber ich fürchte, so lebst du nicht lange.«

Taigu wurde rot vor Zorn und sagte: »Dieser alte Gudô kann immer noch nicht gut und schlecht unterscheiden – er beurteilt die Menschen aufs Geratewohl. Was weiß denn ein so unreifer, grüner Junge schon? »

Der Gouverneur aber lobte Taigu und sagte von ihm: »Er ist wirklich zum Lehrer geeignet!«

Aufgrund dieser Begegnung erbaute der Gouverneur einen Tempel und ernannte Taigu zu dessen erstem Meister.

Zen-Unterricht

Eines Tages fragte der Provinzgouverneur Zenmeister Taigu: »Es heißt, der ›Blaues-Kliff-Bericht‹ sei das beste Zenbuch. Ist das richtig?«

Taigu bejahte.

Der Gouverneur fuhr fort: »Bitte erkläre mir ein oder zwei Geschichten aus diesem Buch.«

Taigu sagte: »Ich fürchte, du würdest es nicht verstehen.«

Doch der Gouverneur blieb bei seiner Bitte, weshalb Taigu schließlich die erste Geschichte aus dem Zen-Buch vortrug und mit lauter Stimme sagte:

»›Wo Leere ist, ist keine Heiligkeit.‹«

Der Gouverneur sagte: »Das verstehe ich nicht.«

Taigu sprach: »Siehst du, dir fehlt es an Ausdauer!«

Hinscheiden eines Meisters

Der illustre Zenmeister Bankei starb im letzten Jahrzehnt des 17. Jahrhunderts in einem Tempel auf dem Land. Kurz vor seinem Tod baten ihn seine Schüler nach altem Zenbrauch um ein Abschiedsgedicht.

Der Meister sprach: »Dreiundsiebzig Jahre bin ich in dieser Welt gewesen. Vierundvierzig davon habe ich Zen unterrichtet, um andere zu befreien. Mein Abschiedsgedicht ist alles, was ich euch während dieser Zeit, länger als die Hälfte meines Lebens, erklärt habe. Ein anderes Abschiedsgedicht ist nicht nötig. Warum sollte ich es allen anderen nachmachen und noch auf dem Totenbett ein Bekenntnis ablegen?«

Mit diesen Worten schied der große Zenmeister Bankei, in kerzengerader Haltung dasitzend.

Einsame Lampe

Sonome war eine bekannte Dichterin und profunde Erforscherin des Buddhismus. Sie schrieb einmal an Zenmeister Unkô: »Weder Wirklichkeit noch Irrtum zu suchen, ist Wurzel und Ursprung des großes Weges. Jedermann weiß das, weshalb ich, obwohl diese meine Äußerung unbescheiden klingen mag, nicht glaube, damit etwas Besonderes gesagt zu haben. Als Vorgänge im Ursprung eines einzigen Geistes sind die Weiden grün, die Blumen rot. Seiend wie das Sein, verbringe ich meine Zeit, indem ich Verse rezitiere und Gedichte schreibe. Wenn das unnützes Geschwätz ist, sind auch die heiligen Schriften unnützes Geschwätz. Alles, was nach Religion riecht, verabscheue ich, und meine tägliche Arbeit sind Anrufung, Poesie und Gesang. Komme ich einmal ins Paradies, wunderbar. Fahre ich zur Hölle, auch recht.«

Ich denke immer daran,
Nicht nach dem Geist zu suchen.
Denn die grüne Lampe hat
Meine einsame Herzenslampe schon angezündet.
Ob im Lärm oder im Schweigen,
Ich besitze einen klaren Spiegel:
Er erkennt genau,
Wo reine Herzen sind.

Nicht etwas Existierendes,
Das man sehen und erkennen könnte,
Noch etwas nicht Existierendes:
Das ist die Lampe der Wahrheit.

Als Sonome den Tod nahen fühlte, verabschiedete sie sich mit folgendem Gedicht von der Welt:

Der Himmel des Herbstmondes,
Die Wärme des Frühlings:
Ist's Traum? Ist's Wirklichkeit?
Heil dem Buddha des unendlichen Lichts!

Besser als Blumen

Eines Frühlings entschloß sich der Haiku-Dichter Bashô zu einem Ausflug, um die Blumen an einem für seine landschaftlichen Reize bekannten Ort zu bewundern. Unterwegs hörte er von einem armen Bauernmädchen, von dem es hieß, es hänge in besonderer Verehrung an seinen Eltern.

Das Interesse Bashôs war geweckt, und er machte sich zu dem Mädchen auf den Weg. Als er es fand, gab er ihr all sein Reisegeld, kehrte, ohne die Blumen gesehen zu haben, wieder um und sagte: »Dieses Jahr habe ich etwas gesehen, was besser als Blumen ist!«

Verständigung

Einst war Zenmeister Bankei im Begriff, einen Tempel in der Hauptstadt, wo er von Zeit zu Zeit lehrte, wieder zu verlassen, als ein Mann erschien und den Meister bat, er möge seine Abreise noch ein wenig aufschieben. Ein großer Herr habe eine Frage und wolle den Meister am nächsten Morgen aufsuchen, um Antwort zu erhalten. Bankei willigte ein und verschob seine Abreise.

Doch am nächsten Tag kam der Mann wieder und berichtete, der große Herr könne dringender Geschäfte wegen nicht selbst kommen. Aber er habe ihn, den Boten, beauftragt, Bankei seine Frage vorzulegen und ihm des Meisters Antwort zu überbringen.

Bankei hörte sich den Mann an und sagte dann: »Hier handelt es sich um ein Problem des Zen, das sich schon durch eine direkte Frage von Mensch zu Mensch schwer übermitteln und durch eine direkte Antwort von Mensch zu Mensch schwer lösen läßt. Um so schwieriger wird es, wenn noch ein Bote dazwischentritt.«

Damit schwieg der Meister. Wortlos zog sich der Mann zurück und ging weg.

Wirklichkeit

Zenmeister Tenkei pflegte seine Anhänger zu ermahnen: »Seid wahrhaftig in allen Dingen. Nichts, was in der Welt wahrhaftig ist, ist im Buddhismus wahrhaftig, und nichts, was im Buddhismus wahrhaftig ist, ist in der Welt wahrhaftig.«

Er sagte außerdem: »Seht mit euren eigenen Augen, hört mit euren eigenen Ohren. Nichts in der Welt ist verborgen. Was wollt ihr denn noch, daß ich euch sage?«

Ein heilender Buddha

Tomomura Yûshôshi, »Freund der Pinien«, stammte aus Nagasaki, das damals der einzige dem Handel mit Fremden offenstehende Hafen Japans war. Es heißt, Yûshôshi sei einer Liaison zwischen einem chinesischen Kaufmann und einer Prostituierten der Stadt entsprungen. Im Begriff, sich als Arzt niederzulassen, und nach seinen Lebensumständen befragt, gab er nur an, der Sohn einer Prostituierten aus Nagasaki zu sein. Die Menschen priesen ihn wegen seiner Ehrlichkeit und Charakterstärke.

Aus Berichten seiner Schüler geht hervor, daß Yûshôshi nicht den geringsten Sinn für Prestige und Profit hatte. Er liebte die Guten und verachtete die Schlechten. Sein Interesse galt dem Buddhismus, er besaß einen angeborenen Hang zu dessen Lehren. Mit Vorliebe heilte er Kranke und rettete Menschenleben. Zu diesem Zweck hatte er taoistische Medizin und buddhistische Psychologie bei chinesischen Heilern studiert. Dann meditierte er drei Jahre lang Tag und Nacht, bis er zur Einsicht gelangte.

Yûshôshi behandelte Patienten auf Wunsch und erzielte große Erfolge. Sein Debüt gab er, noch nicht dreißig Jahre alt, in Kyoto. Später ging er als geehrter Gast bei Feudalherren überall im Land aus und ein. Es heißt auch, der Gründer und Älteste der Obaku-Sekte, einer damals gerade nach Japan verpflanzten chinesischen Zenschule, habe ihn sehr gelobt.

Yûshôshi kannte sich genauso gut in der Wahrsagekunst, der Geometrie und Astrologie aus. Man berichtet, er habe seinen Schülern auch diese Disziplinen, je nach ihrer Auffassungsgabe, übermittelt.

Eine von Yûshôshis Eigentümlichkeiten war, daß er in Diskussionen mit anderen Ärzten mit seiner Meinung nicht zurückhielt, gleichgültig, ob es sich um Freunde oder ob es sich um Feinde handelte. Sah er, daß sie sich im Irrtum befanden, sprach er, ohne zu zögern. Hörte er jemanden etwas Falsches sagen, stellte er die Dinge in aller Offenheit richtig. Er sagte, er verhalte sich so, um den anderen zu helfen. Jedenfalls hielten ihn manche Ärzte deswegen für verrückt, andere wiederum bezeichneten sein Verfahren nur als direkt. Die einen priesen, die anderen verleumdeten ihn.

Scham und Gewissen

Ein Kaufmann war vom erhabenen Zustand des Zenmönchs Hakuin tief beeindruckt. Immer wieder schenkte er dem Mönch Geld und Kostbarkeiten.

Nun hatte die Tochter des Kaufmanns eine Liebesaffäre mit einem Diener der Familie und bekam ein Kind von ihm. Erzürnt verlangte der Kaufmann eine Erklärung. Da sagte die Tochter, sie sei von dem Mönch Hakuin schwanger.

Der Kaufmann war wütend: »Nur daran zu denken, daß ich diesem gemeinen Glatzkopf zehn Jahre lang Almosen gegeben habe!« Er nahm das Baby auf den Arm, brachte es zu Hakuin, legte es ihm auf den Schoß, beschimpfte ihn heftig und zog beleidigt wieder ab.

Hakuin verteidigte sich nicht. Er sorgte für das Baby, als wäre es sein eigenes. Die Leute, die ihn sahen, dachten, er sei der Vater des Kindes.

Als eines Wintertags Hakuin bei fallendem Schnee, um Almosen bettelnd und das Kind auf dem Arm, von Haus zu Haus zog, sah ihn die Kaufmannstochter und wurde von Reue ergriffen. Weinend ging sie zu ihrem Vater und gestand ihm alles.

Der Kaufmann war wie vom Donner gerührt und ratlos. Dann eilte er, sich dem Zenmeister Hakuin zu Füßen zu werfen und ihn um Verzeihung zu bitten.

Hakuin aber lächelte nur und fragte: »Also hat das Kind einen anderen Vater?«

Zen beim Handeln

Zenmeister Man-an schrieb an einen Laienschüler des Zen:

»Willst du möglichst rasch die Meisterschaft in allen Wahrheiten und Unabhängigkeit in allen Wechselfällen gewinnen, gibt es keinen besseren Weg als Konzentration beim Handeln. Deshalb heißt es, Schüler der Esoterik, die sich auf dem Weg befinden, sollten mitten im weltlichen Leben sitzen und meditieren.

Der dritte Patriarch des Zen hat gesagt: ›Wenn du auf dem Weg zur Einheit vorwärtskommen willst, dann wende dich nicht von den Gegenständen der sechs Sinne ab!‹ Das heißt nicht, daß du dich den Gegenständen der sechs Sinne hingeben sollst. Aber es heißt, daß du fortwährend bewußt und achtsam sein und im Alltag die Gegenstände der sechs Sinne weder ergreifen noch von dir stoßen sollst, wie eine Ente im Wasser, deren Federn nicht naß werden.

Verachtest du statt dessen die Gegenstände der sechs Sinne und suchst sie zu meiden, so wirst du der Tendenz zur Weltflucht verfallen und niemals den Weg der Buddhaschaft vollenden können. Siehst du aber klar das Wesen der Dinge, so werden die Gegenstände der sechs Sinne selbst zur Meditation, die Sinnenwünsche selbst zum Weg zur Einheit und alle Dinge zu Manifestationen der Wirklichkeit. Wenn du in die große Ruhe des Zen, gespalten weder von Bewegung noch von Bewegungslosigkeit, eintrittst, werden Körper und Geist befreit und erlöst.«

Verborgene Tugend, offenbarer Lohn

Zenmeister Hakuin pflegte eine Geschichte aus der Zeit zu erzählen, als er ein junger Schüler war, bei Zenlehrern herumreiste und auf die Leerheit meditierte, durch die Zenjünger den Geist von subjektiven Vorstellungen freizumachen und sich auf die Wahrnehmung objektiver Wahrheit vorzubereiten suchen.

Einmal wanderte Hakuin in Gesellschaft zweier anderer buddhistischer Mönche. Einer von ihnen bat Hakuin, ihm sein Gepäck zu tragen, da er krank, schwach und erschöpft sei.

Der junge Hakuin war gerne bereit und befreite seinen Geist von der zusätzlichen Last, indem er sich nur noch tiefer in die Besinnung auf die Leerheit versenkte.

Der andere Mönch, Hakuins Jugend und Bereitwilligkeit bemerkend, gedachte ebenfalls, sich von seiner Last befreien zu lassen. Wie der erste gab er vor, krank zu sein, und bat Hakuin, auch sein Gepäck zu tragen.

Im Geiste buddhistischer Dienstbarkeit lud sich Hakuin auch die dritte Bürde auf den Rücken und setzte seinen Weg fort. Intensiver denn je tauchte er in die innere Leere ein.

Schließlich kamen die drei Mönche an eine Stelle, wo es nur noch per Schiff weiterging. Am nächsten Landungssteg bestiegen sie eine Fähre. Vollkommen erschöpft brach Hakuin zusammen und fiel in tiefen Schlaf.

Als er erwachte, wußte er im Augenblick nicht, wo er war. Es schien ihm, als hätten sie gerade angelegt, doch an die Fahrt selbst konnte er sich nicht erinnern.

Es stank fürchterlich, und als er um sich blickte, sah er, daß jedermann grün im Gesicht und von Auswurf bedeckt war. Alle schauten ihn sehr merkwürdig an.

Er erfuhr, daß die Fähre unterwegs in ein Unwetter geraten und dermaßen durchgeschüttelt worden war, daß jedermann, einschließlich des Schiffers selbst, seekrank wurde.

Nur der junge Zenschüler Hakuin, so erschöpft vom Tragen des Gepäcks seiner zwei Gefährten, daß er den Sturm verschlafen hatte, war verschont geblieben.

Auf diese Weise, schloß Zenmeister Hakuin seine Geschichte, hatte er am eigenen Leib erfahren, wie richtig es ist, wenn es heißt: Verborgene Tugend findet offenbaren Lohn.

Leerung der Hölle

Ein Samurai in Diensten eines Feudalherrn suchte Zenmeister Hakuin auf. Der Meister fragte ihn: »Was hast du bisher gemacht?«

Der Samurai antwortete: »Ich habe den buddhistischen Lehren immer gerne zugehört. Aus diesem Grund bin ich krank geworden.«

Hakuin fragte: »Was für eine Krankheit hast du bekommen?«

Der Samurai erwiderte: »Zuerst traf ich einen Zenlehrer und erforschte das Prinzip ›Wesen des Geistes‹. Dann war ich bei einem Lehrer der Shingon-Schule und studierte die esoterische Literatur des Kanons. Beim Nachdenken über diese beiden Richtungen kamen mir Zweifel, und ich wurde ganz verwirrt. Während ich mich einmal mitten in der Vorstellung des Lautes A befand, stiegen in mir plötzlich Bilder von den Höllenreichen auf. Ich versuchte, sie mittels des Prinzips ›Wesen des Geistes‹ zur Ruhe zu bringen, aber jetzt prallten beide Vorstellungen in mir so heftig aufeinander, daß ich vollends verwirrt wurde. Im Schlaf habe ich Alpträume, und wenn ich wach bin, arbeite ich nur noch am begrifflichen Denken.«

Hakuin schnalzte mit der Zunge und sagte: »Weißt du, was es ist, das in dir die Hölle fürchtet?«

Der Samurai erwiderte: »Es ist der Anblick der Leere! Die Furcht davor ist meine Krankheit!«

Da schrie Hakuin den Samurai an, immer wieder, und schrie ihn in Grund und Boden: »Du Feigling! Ein Samurai ist einer, der seinem Herrn so treu ist, daß er weder Wasser noch Feuer flieht und sich Speeren und Schwertern aussetzt, ohne zu zittern und mit der Wimper zu zucken. Wie kannst du den Anblick der Leere fürchten? Laß dich augenblicklich in eine deiner Höllen fallen. Wir werden sie gemeinsam erforschen!«

Der Samurai aber jammerte: »Wie kann ein Lehrer wollen, daß seine Schüler in böse Zustände geraten?«

Hakuin lachte nur und sagte: »Die Höllen, in die ich falle, sind 84000 an der Zahl! Nichts gibt es, wohin ich nicht falle!« Da erkannte der Samurai endlich, worauf der Meister hinauswollte, und große Freude erfüllte ihn.

Religion für den Alltag

Einer der größten Feudalherren Westjapans besuchte Zenmeister Hakuin, um bestimmte Auskünfte zu erhalten. Zufällig hatte gerade ein Bauer dem Zenmeister ein paar Hirsekuchen gebracht. Hakuin bot sie dem großen Herrn an.

An üppiges Essen gewöhnt, hatte dieser noch niemals Hirsekuchen gegessen. Er brachte es nicht über sich, die schlichten, von der Frau des Bauern gebackenen Kuchen zu verzehren.

Hakuin, dies bemerkend, schalt den Herrn: »Zwinge dich, die Sachen zu essen! Dadurch lernst du das Elend des einfachen Volkes kennen. Mein Unterricht besteht aus nichts anderem.«

Soziale Beziehungen

In der Spätzeit des Feudalismus in Japan war der Güterkonsum bis ins einzelne gesetzlich geregelt, je nach Zugehörigkeit zur sozialen Klasse. Nun befand sich in der Umgebung von Zenmeister Hakuin ein reicher, sehr konservativer Kaufmann, der in seiner Hausordnung den Dienern verbot, Schirme zu tragen. Die Folge war, daß seine Diener ihre Schirme in den Häusern von Freunden aufbewahrten und dann doch welche trugen, wenn sie ausgingen.

Eines Tages geschah es, daß eine Magd aus dem Haus dieses Kaufmanns einen neuen Schirm, den sie gekauft hatte, zum Zenmeister Hakuin brachte, da sie hoffte, er werde ihr ihren Namen draufschreiben. Sie kam zum Tempel, und ein Helfer war bereit, den Schirm und ihre Bitte dem Meister zu überbringen. Er berichtete Hakuin auch von der Situation im Haus des Kaufmanns.

Hakuin hörte sich alles an. Dann schrieb er mit einem Pinsel auf den Schirm aus Papier: »Ob es nieselt oder schüttet – ich werde meinem Herrn nicht ungehorsam sein.«

Die Magd war hocherfreut. Als Analphabetin konnte sie nicht lesen, was der Meister geschrieben hatte. Sie nahm an, es sei ihr Name, wie sie sich gewünscht hatte.

Eines Tages, als es regnete, bat die Magd um Ausgang. Sie wolle eine Besorgung machen. Während sie mit aufgespanntem Schirm ihres Weges ging, bemerkte sie, daß die Leute hinter vorgehaltener Hand über sie lachten.

Sie wunderte sich darüber und sprach schließlich jemanden an. So erfuhr sie, was wirklich auf ihrem Schirm stand.

Wütend lief sie zu Hakuin und verlangte Entschädigung für den verdorbenen Schirm. Aber der Zenmeister erklärte ihr, wie eine Magd für ihren Herrn arbeitet.

Dann begab er sich zu dem Kaufmann selbst. »Auch ein Diener ist ein Menschenkind, nicht wahr?« sagte er zu dem Reichen, der so von des großen Meisters Mitgefühl gerührt war, daß er seine Hausordnung änderte.

Nachtregen

Bevor er sich ins Gebirge zurückzog, reiste Zenmeister Ranryo in allen vier Himmelsrichtungen, ohne einen Unterschied zwischen Palast und Provinz, Stadt und Dorf zu machen und nicht einmal Schenken und Bordelle vermeidend.

Befragt, warum er sich so verhalte, sagte der Zenmeister: »Mein Weg führt mich immer dorthin, wo ich gerade bin. Es gibt keine Unterbrechung.«

Später ging Ranryo in die Berge, baute sich eine bescheidene Hütte und arbeitete weiter am Zen, während er ein einfaches, strenges Leben führte.

Besonders liebte er Nachtregen. In regnerischen Nächten verbrannte er Weihrauch und blieb bis Tagesanbruch aufrecht sitzen. Die Bewohner der Bergdörfer, die seinen Namen nicht kannten, nannten ihn den »Nachtregen-Mönch«. Das gefiel ihm, und er übernahm »Nachtregen« als Künstlernamen.

Einst befragte ein Besucher Ranryo über die Vorteile der Zenmeditation einerseits, der Praxis der »Erinnerung an den Buddha«, wie sie die Buddhisten der »Reines-Land-Bewegung« üben, andererseits, wobei sie den Namen des Buddha des unendlichen Lichtes anrufen. Ranryo gab seine Antwort in Versform:

Zenmeditation und Buddha-Erinnerung
Sind wie zwei Berge.
Höheres und niederes Potential
Teilen eine Welt, die doch eine ist.
Wenn die Menschen droben ankommen, sehen sie den Mond über dem Gipfel,
Alle in gleicher Weise.
Mitleid verdienen nur jene, die keinen Glauben besitzen
Und unter dem Aufstieg leiden.

Die Tür des Mitleids

Jimon war die Tochter eines Samurai. Ihre Mutter war gestorben, als sie elf war, und ihr Vater schied ein paar Jahre später aus dem Leben. Da war sie fünfzehn. Als sie achtzehn wurde, schor sie ihr Haupt und wurde Nonne.

Sie war voller Güte und Mitleid und tat für die Notleidenden, was sie konnte. Eines Winterabends klopften während eines heftigen Schneesturms zwei kleine Bettlerjungen an ihre Tür. Sie froren so jämmerlich, daß Jimon ihr Übergewand auszog und es ihnen gab.

Bei diesem Anlaß machte sie ein Gedicht:

> Die Not dieser Verzweifelten!
> Wie zerrissen ihre Ärmel sind,
> Zu eng und zu kurz, um Schutz zu gewähren,
> Und sie davor zu bewahren,
> Die Nacht draußen verbringen zu müssen!

In einer anderen eiskalten Nacht drang ein Einbrecher in Jimons Hütte ein, um Geld und Wertsachen zu rauben. Jimon aber erhob sich ruhig und sagte: »Du armer Bursche! Wenn ich mir vorstelle, wie du über Felder und Berge gestapft bist, nur um in einer kalten Nacht wie dieser hierherzukommen! Warte einen Augenblick, ich mache dir etwas Warmes!«

Damit kochte Jimon eine Hafersuppe für den Einbrecher und ließ ihn am Feuer Platz nehmen. Während er aß, sprach sie zu ihm: »Ich habe der Welt entsagt, also besitze ich nichts von Wert. Du kannst dir mitnehmen, was du willst.

Doch eine Gegenleistung möchte ich dafür. Ich habe mir ein Bild von dir gemacht und den Eindruck gewonnen, du könntest dir deinen Lebensunterhalt auch ehrlich verdienen, durch irgendeine Arbeit oder ein Geschäft, das dir gefällt. Trotzdem bist du in diesem verlotterten Zustand und machst nicht nur dir selbst, sondern auch deiner Familie Schande. Ist das nicht jammerschade?

Ich möchte, daß du dein Einbrecherleben aufgibst. Nimm aus meiner Hütte mit, was du willst, versetze es und mache mit dem Geld ein Geschäft auf. Dabei wirst du dich viel wohler fühlen als jetzt!«

Tiefbewegt bedankte sich der Einbrecher und ging, ohne etwas mitzunehmen.

Gründung einer Schule

Nach seiner Erleuchtung diente Gessen zehn Jahre lang als Abt eines bekannten Klosters. Schließlich verließ er das Kloster wieder und lebte in einer Einsiedelei, wo niemand wußte, wer er war.

Ab und zu ging er ins Dorf und lehrte die Kinder dort Lesen, Schreiben und Rechnen. So führte er sie langsam auf indirekte Art an die Ideen des Buddhismus heran.

Es kam so weit, daß ihm Zensucher aus dem ganzen Land ihre Aufwartung machten. Und bald gab es keine Scheune und keinen Stall im Umkreis von Meilen mehr, die nicht als Unterkünfte für Schüler und Anhänger des großen Zenmeisters Gessen vermietet waren.

Denken und Sein

Ishida Baigan war Mitbegründer der vom Zenbuddhismus inspirierten Shingaku-Selbsterforschungsbewegung. Bis zum Alter von fünfzig, so wird berichtet, malte sich noch Mißvergnügen auf seinem Gesicht, wenn ihn etwas ärgerte. Doch als er die fünfzig überschritten hatte, zeigte sich niemals mehr auch nur eine Spur von Vergnügen oder Mißvergnügen. Als er sechzig wurde, sagte er: »Jetzt habe ich Erlösung erlangt.«

Jemand fragte ihn: »Sind Denken und Sein verschiedene Dinge?«

Baigan antwortete: »Denken enthält sowohl Sein als auch Wahrnehmung. Es besitzt Bewegung und Ruhe, Substanz und Funktion. Sein ist Substanz in Ruhe, sich bewegendes Denken ist Funktion. Denken als Sein gleicht in gewissem Sinn dem Sein. Die Substanz des Denkens denkt nicht, solange sie nicht stimuliert wird. Auch das Sein denkt nicht. Das Denken ist das Reich der Energie, das Sein das Reich des Geistes. So wie sich der Mond in einem winzigen Tautropfen spiegelt, ist auch das Geistige, obzwar unsichtbar, in allen Dingen gegenwärtig.«

Reizbarkeit

Es kam einmal ein Mann zu Zenmeister Bankei und bekannte ihm, von Geburt an jähzornig zu sein. Trotz aller Versuche, sich zu beherrschen, könne er seinen Jähzorn nicht zügeln.

Der Zenmeister sagte: »Das ist ja ein sehr interessantes Ding, mit dem du da geboren bist! Bist du jetzt auch jähzornig, in diesem Augenblick? Wenn ja, dann zeige es mir, und ich werde dich heilen.«

Der Mann sagte: »In diesem Augenblick bin ich's gerade nicht. Der Jähzorn pflegt mich urplötzlich bei allen möglichen Anlässen zu überfallen.«

Da sagte der Zenmeister: »Du siehst also, daß Jähzorn nichts Angeborenes ist.«

Meditation im Sitzen

Jemand befragte den großen Meister Bankei über »Sitz-Meditation« (Za-Zen). Er antwortete: »›Meditation‹ wird der Prozeß genannt, bei dem jemand in Harmonie mit der unaussprechlichen Weisheit gelangt, die sich in jedem

Menschen befindet, bevor er ins vorstellende Denken und in die Begrifflichkeit hineingezogen wird. Als ›Sitzen‹ aber wird die Losgelöstheit von allen äußeren Objekten bezeichnet. Lediglich die Augen zu schließen und dazusitzen, ist nicht das, was ich Sitz-Meditation nenne. Nur Sitz-Meditation, die auf subtile Erkenntnis orientiert ist, ist von Wert.

Alle Verwirrung entsteht nur dadurch, daß man sich wegen seiner Gedanken dauernd im Teufelskreis dreht. Produzierst du zornige Gedanken, wirst du zum Riesen. Begehrst du in Gedanken, wirst du zum Tier. Klammerst du dich an Dinge, wirst du zum hungrigen Geist. Stirbst du, ohne all dies aufgegeben zu haben, kreist du unablässig auf eingefahrenen Gleisen, nimmst alle möglichen Formen an und wirst im Strom der Geburt und des Todes umhergewirbelt.

Löst du dich aber von deinen Gedanken, so gibt es keine Verwirrung mehr und weder Ursache noch Wirkung. Gibt es weder Ursache noch Wirkung, so hört auch das Kreisen auf eingefahrenen Gleisen auf. Solange du Gedanken hegst, gibt es gute Ursachen und Wirkungen, falls du gute Gedanken hast, und schlechte Ursachen und Wirkungen, falls du schlechte Gedanken hast. Hast du dich aber vom begrifflichen Denken überhaupt gelöst und orientierst dich auf subtile Erkenntnis, gibt es keine Ursachen und Wirkungen für Geburt oder Tod mehr.

Wenn ich dies so sage, mag sich das wie der Anblick des Nichts ausnehmen. Aber so ist es nicht. Der Grund, weshalb ich sage, es handle sich hier nicht um das Nichts, ist, daß jeder von euch es hört, wenn ich es sage. Auch wenn ihr nicht ans Hören *denkt*, während das dem Menschen angeborene ursprüngliche Erkennen aktiv und bewußt ist, könnt ihr doch deutlich hören. Wenn ihr Feuer oder Wasser berührt, wißt ihr, daß es heiß oder kalt ist. Doch niemand braucht die Empfindung heiß oder kalt erst zu *lernen*.

Das ist die Tätigkeit jenseits des Denkens. Sie kann nicht Nichts genannt werden, mag auch kein Denken mehr da sein. Dies in uns gegenwärtige subtile Erkennen enthält alles in sich, ohne daß es doch in die dualistischen Vorstellungen von Etwas und Nichts verstrickt wäre, so wie ein klarer Spiegel die Bilder der Gegenstände deutlich wiedergibt. Braucht es da noch das diskursive, begriffliche Denken?

Das diskursive Denken gibt es, weil Verwirrung herrscht. Wenn ihr zum nicht-diskursiven Erkennen durchdringt, nehmt ihr die Dinge wahr und unterscheidet sie, bevor ihr über sie nachdenkt. Dann gibt es keine Verwirrung mehr. Deshalb ist das nicht-diskursive Erkennen so wertvoll.

Aus diesem Grund ist die Sitz-Meditation mit subtilem, nicht vorfabriziertem Erkennen die höchste Form der Praxis.«

Der Weg zum Weg

Sôkai befand sich ein Jahr im Orden des Zenmeisters Daiyû, als ihm nachts, während er sich aus der Meditation erhob, plötzlich eine Einsicht zuteil wurde. Er ging zu seinem Lehrer und erzählte ihm, was er eingesehen hatte.

Daiyû sagte: »Du bist zwar in die Vorhalle eingetreten, aber noch nicht in den Raum selbst.«

Sôkai fragte: »Wie kannst du das behaupten?«

Daiyû zitierte einen Ausspruch aus der Schrift: »›Verweile nicht bei irgendeinem äußeren Ding, sondern mache den Geist lebendig‹«, und fragte dann Sôkai: »Was bedeutet, ›den Geist lebendig machen‹?«

Sokai antwortete: »Wenn du nach dem Geist suchst, findest du ihn nicht.«

Daiyû sagte: »Also bist du noch nicht durchgedrungen!«

Sôkai entgegnete: »Ich bin nicht bereit, an meiner Erfahrung zu zweifeln!«

Da hob Daiyû die Stimme und sagte: »Nein, nein! Wenn

du den Weg wirklich finden willst, mußt du einmal vollständig sterben. Nur so kannst du es verwirklichen!«

Befreiung

Die Kurtisane Ôhashi war die Tochter eines Vasallen des Shogun. Ihr Vater hatte sie in die Prostitution verkauft, nachdem er seine Stellung verloren hatte und in äußerste Armut geraten war.

Ôhashi war voller Liebreiz, intelligent und in Literatur und Kunst wohl bewandert. Aufgrund ihrer besonderen Fähigkeiten wurde sie eine berühmte Kurtisane im Dirnenviertel Kyotos. Doch konnte sie sich mit ihrem Unglück nicht abfinden, wurde von unheilbarer Melancholie befallen und begann dahinzuwelken.

Eines Tages bemerkte ein Kunde ihren Zustand und fragte, ob sie über irgend etwas traurig sei. Ôhashi erzählte ihm alles. Der Kunde sagte: »Kein Wunder, daß du krank bist! Nun, es würde zwar tausend Goldstücke kosten, dich von deiner Krankheit zu heilen. Trotzdem gibt es einen Weg, sie loszuwerden. Aber ich fürchte, du würdest mir nicht glauben.«

Ôhashi protestierte: »Wenn du mir die Wahrheit sagst, wie könnte ich daran zweifeln? Bitte sag es mir!«

Also erklärte der Kunde Ôhashi: »In deinem ganzen Körper gibt es nichts, was ohne Verbindung mit Wahrnehmung und Erkenntnis funktioniert. Wahrnehmung und Erkenntnis aber haben einen Gastgeber. Was auch immer du tust, und wärst du in größter Eile – forsche nach diesem Gastgeber in dir! Was in dir ist es, das sieht? Was in dir ist es, das hört? Wenn du auf diese Weise ernsthaft in dich hineinschaust und nicht aufgibst, wird plötzlich die dir innewohnende Buddhanatur in Erscheinung treten. Und wenn du in diesen Zustand gelangst, wird es dir ein Leichtes sein, dem Elend zu entrinnen.«

Ôhashi nahm sich diese Worte zu Herzen und begann heimlich mit den Übungen des In-sich-Hineinschauens. Schließlich erreichte sie den Punkt, wo ihre innere Aufmerksamkeit ohne Unterbrechung andauerte.

Eines Nachts erhob sich ein furchtbares Gewitter, so heftig, daß Blitze an mehr als zwanzig Stellen zugleich vom Himmel zuckten. Ôhashi, die vor Donner und Blitz schon immer schreckliche Angst gehabt hatte, kroch mit ihrer Zofe unter die Bettdecke.

Plötzlich aber erinnerte sie sich der Zen-Übung. Sie überwand ihre Furcht und setzte sich kerzengerade auf.

Auf einmal ging ein Blitz draußen im Hof nieder. Die Druckwelle warf Ôhashi flach auf den Rücken und preßte ihr die Luft aus der Lunge.

Als sie wieder zu Atem kam, bemerkte sie, ihre Wahrnehmungen seien anders als früher, und sie empfand unbeschreibliche Freude.

In der Folge wurde Ôhashi aus der Gefangenschaft in dem Bordell befreit. Ein Mann kaufte sie frei und heiratete sie. Sie suchte nun Zenmeister Hakuin auf und verbrachte den Rest ihres Lebens damit, ihre Einsicht zu vertiefen.

Ein Erwachen

Zeshin verbrachte viele Jahre seines Lebens in Abgeschiedenheit auf dem Yoshino-Berg, vor den Toren der alten Hauptstadt Kyoto. Dort übte er sitzend, bis sich eines Tages sein Geist öffnete und er all sein begriffliches Wissen vergaß.

In einem Tempel in der Nähe lebte ein alter Adept der Sôtô-Zenschule. Zeshin suchte ihn auf und erzählte ihm, da er nach einem kompetenten Zeugen für seine Erleuchtung suchte, von seinem Erlebnis. Der Adept sagte: »Meister Bankei ist der erleuchtete Führer des Zeitalters. Geh zu ihm und lerne bei ihm!«

Also begab sich Zeshin geradewegs zum Jizô-Tempel östlich von Kyoto, wo, wie er erfahren hatte, Bankei sich im Augenblick aufhielt. Doch hielt der große Meister gerade Einkehr und empfing keine Besucher. Trotzdem kam Zeshin täglich zum Tempel und saß den ganzen Tag lang vor dem Tor. Erst abends kehrte er zur Stadt zurück. So machte er es dreizehn Tage hintereinander.

Zu guter Letzt fragte ihn der Wirt der Herberge, in der Zeshin abgestiegen war, was eigentlich mit ihm los sei. Zeshin erklärte es ihm. Der Wirt, der ihm helfen wollte, schickte ihn zu Meister Dokushô im benachbarten Saga.

Zeshin erzählte Dokushô von seiner Einsicht. Dokushô aber sagte nur: »Bewahre sie dir gut!« Da verließ ihn Zeshin noch am selben Tag und ging zum Yoshino-Berg zurück.

Einige Monate später machte er erneut den Versuch, Bankei, dem Meister des Zeitalters, zu begegnen. Unterwegs zum Jizô-Tempel hörte er aber, Bankei halte sich in Edo, der Hauptstadt der Shoguns, auf und lehre dort im Kôrin-Tempel.

Als Zeshin schließlich dort ankam, nahm ihn Bankei beiseite. Zeshin berichtete ihm von seiner Einsicht, und Bankei fragte: »Und was war das schließliche Ende?«

Zeshin zögerte und rang nach Worten. Dann ließ er den Kopf hängen.

So geschah es drei Male.

Endlich fragte Zeshin: »Gibt es denn ein schließliches Ende?«

Zenmeister Bankei sagte: »Du weißt also nicht, wie man es macht!«

Wieder ließ Zeshin den Kopf hängen und wußte nichts zu erwidern.

Und so geschah es wieder drei Male, bis Zeshin schließlich fragte: »Wie macht man es denn?«

In diesem Augenblick flötete ein Pirol draußen im Hof.

Bankei sagte: »Du hörst doch den Pirol, wie er flötet!«

Da geriet Zeshin in Verzückung. Und dreimal warf er sich vor dem Zenmeister nieder.

Bankei sagte: »Sprich von jetzt an kein überflüssiges Wort mehr!«

Nach Beendigung seiner Einkehr und Sommermeditation im Kôrin-Tempel kehrte Bankei zu seiner Hauptunterrichtsstätte in Westjapan zurück. Zeshin folgte ihm dorthin nach.

Zunächst beschäftigte sich Bankei mehrere Tage mit Neuankömmlingen. Und jeden Tag erschien auch Zeshin mit den neuen Besuchern vor Bankei, doch dieser beachtete ihn nicht. So geschah es an drei aufeinanderfolgenden Tagen. Immer tauchte Zeshin auf und hoffte, vom Meister gesehen zu werden, und niemals richtete Bankei das Wort an ihn.

Als die Menge sich schließlich verlaufen hatte, wandte sich Bankei doch an Zeshin: »Du hast großes Glück gehabt. Hättest du mich nicht immer aufgesucht, wärst du ein Blender geworden!«

Noch lebendig

Kôsen lernte Zen beim Meister Ryôten und versuchte, auf die Leere zu meditieren. Ryôten ermahnte ihn: »Intensive Zenmeditation ist wie ein Stummer, der träumt. Du bist zu intellektuell für den Zen!«

Weit entfernt davon, sich entmutigen zu lassen, zwang sich Kôsen zu noch größerer Anstrengung. Als er eines Abends dasaß und dem Regen zusah, rief ihn ein junger Mönch mit lauter Stimme an. Kôsen antwortete – und erfuhr plötzlich ein Erwachen der Einsicht.

Später begab sich Kôsen zu Zenmeister Hakujun in die Lehre. Eines Tages zitierte der Meister eine berühmte Passage aus der Schrift: »Verweile nicht bei irgendeinem äußeren Ding, sondern mache den Geist lebendig.« Dann fragte er Kôsen: »Was ist ›der Geist‹?«

Kôsen sagte: »Bei nichts zu verweilen!«

Da stieß ihn Hakujun sechs oder sieben Mal grob vor die Brust und sagte: »Du Ignorant! Du kennst noch nicht einmal die Bedeutung der Worte ›sondern mache den Geist lebendig!‹«

In diesem Augenblick erlangte Kôsen Befreiung.

Nutzloses Leiden und Unglaube

Zenmeister Bankei sprach einmal zu seinen Zuhörern: »Als ich begann, nach Erleuchtung zu streben, praktizierte ich, da ich keinen erleuchteten Lehrer fand, alle Arten von Askese und ruinierte meinen Körper. Manchmal mied ich jede menschliche Gesellschaft und lebte in völliger Einsamkeit. Zuweilen errichtete ich mir ein Papiergehäuse und saß darin oder stellte Schirme vors Fenster und saß im dunklen Zimmer. Ich nahm die Lotus-Stellung ein und legte mich niemals nieder, bis ich eitrige Geschwüre, von denen jetzt noch die Narben zu sehen sind, an den Sitzbacken bekam.

Sobald ich von einem Lehrer an dem oder jenem Ort in dieser oder jener Provinz hörte, ging ich schnurstracks zu ihm. Nach mehreren so verbrachten Jahren gab es nur wenige Orte in Japan, an denen ich nicht gewesen war.

An alledem war nur schuld, daß ich noch keinem erleuchteten Lehrer begegnet war. Aber nachdem sich mein Geist eines Tages geöffnet hatte, erkannte ich zum ersten Mal, wie nutzlos meine Jahre der Mühe und Qual gewesen waren, und ich erlangte Frieden.

Jetzt aber, da ich euch erkläre, wie ihr im gegenwärtigen Leben Erfüllung erlangen könnt, ohne euch zu forcieren, glaubt ihr mir einfach nicht. Das liegt daran, daß es euch nicht wirklich ernst ist!«

Bekenntnisse eines Zenmeisters

Yui-e, ein Ältester der Sôtô-Zenschule, kam zum Zenmeister Bankei und sagte: »Ich wurde erweckt, als ich siebzehn oder achtzehn war. Dann verbrachte ich über dreißig Jahre, in denen ich immer wieder für lange Zeiträume dasaß, ohne mich hinzulegen, und mich in eindeutiger Ausrichtung konzentrierte. Aber es fiel mir sehr schwer, abirrende Gedanken und falsches Bewußtsein auszumerzen. Seit einigen Jahren jedoch sind Geist und Verstand klar geworden, und ich habe Frieden erlangt. Wie hast du dich denn früher konzentriert?«

Bankei gab zur Antwort: »Auch ich kämpfte in meiner Jugend mit unkontrolliert aufsteigenden Gedanken. Doch plötzlich erkannte ich, daß unsere Schule die Schule des erleuchteten Auges ist. Niemand ohne klare Wahrnehmung kann einem anderen helfen. Seitdem ließ ich alles andere beiseite und konzentrierte mich allein darauf, einen klaren Blick zu gewinnen. Dadurch habe ich die Fähigkeit erlangt, festzustellen, ob andere Menschen verläßliche Wahrnehmung besitzen oder nicht.«

Geist und Gaul

Zenmeister Bankei verbrachte einst einige Nächte an einer Hinrichtungsstätte, unter dem Kreuz sitzend, und prüfte sein Zendenken. Danach legte er sich auf einer Aufschüttung nieder, die eine Pferdekoppel umgab. Zufällig befand sich ein Krieger in der Koppel und schlug auf sein Pferd ein. Bei diesem Anblick schimpfte Bankei zu ihm hinüber: »He, du da! Was glaubst du, daß du da tust?«

Der Krieger hörte den Zenmeister schreien, achtete aber nicht darauf. Er gab seinem Pferd erst recht die Peitsche und galoppierte an Bankei vorbei. Wieder schrie der Meister: »He! Was glaubst du, daß du da tust?«

So geschah es dreimal. Da endlich hielt der Krieger sein Pferd an und stieg ab. Sich dem Zenmeister nähernd, bemerkte er jetzt, daß kein gewöhnlicher Mensch vor ihm stand. Er sagte: »Du hast nach mir gerufen. Hast du mir etwas zu sagen?«

Bankei sagte: »Warum züchtigst du dich nicht selbst und zügelst deinen eigenen Geist, statt deinen Gaul wegen seiner Unbotmäßigkeit zu schlagen?«

Ein Drillmeister

Enzui war ein ungewöhnlicher Meister. Niemals zeigte seine Miene eine Spur von Ärger, und selten sprach er ein Wort. Niemals legte er sich zum Schlafen nieder und aß kaum je einen Bissen. Weder materielle noch sexuelle Wünsche gab es in seinem Leben.

Als Enzui noch Schüler war, rief ihn eines Tages sein Lehrer Manzan zu sich und wusch ihm tüchtig den Kopf: »Fasten und niemals Schlafen behindern deine Möglichkeiten auf dem Weg nur. Eifer und Meditation beeinträchtigen ein Leben der Weisheit. Warum läßt du nicht einfach alles los und schwimmst ganz natürlich mit dem Strom? Dadurch würdest du ein reiner, freier Mensch werden, ungekünstelt und unverkrampft.«

Dankbar verbeugte sich Enzui und verließ, seine Tränen verbergend, den Lehrer. Von da an gab er sich noch größere Mühe und unterwarf sich erst recht asketischen Übungen. Aber eines Tages öffnete sich sein Geist, und er erlangte einen Zustand, wo kein Zweifel mehr ist.

In seinem späteren Leben kehrte Enzui in seine Geburtsprovinz zurück und erbaute dort ein Kloster. Er gelobte sich, niemals mehr unter Menschen zu gehen. Selbst wenn ihm alte Bekannte schrieben, antwortete er nicht, und wenn Zensucher an seine Tür klopften, machte er nicht auf.

Enzui starb 1736 im Alter von siebzig Jahren. Einer seiner Jünger berichtete davon: »Der Lehrer hatte sein Leben lang gefastet und sich niemals niedergelegt. Diese strengen Gewohnheiten behielt er bis zu seinem Tode bei, vor dem er Amtskleidung anlegte und daraufhin in einem Stuhl sitzend verschied. Selbst nachdem er gestorben war, blieb sein Körper aufrecht sitzen und gab die Meditationshaltung nicht auf!«

Keim der Zenpraxis

Eines Tages sagte Zenmeister Shôsan über einen ihm bekannten Mann: »Herr Soundso ist ein großer Übender, nicht wahr? Er sagt, er wolle, gleichgültig an welcher Krankheit er sterbe, jedenfalls so ruhig sterben, als mache er einen Spaziergang in der Nachbarschaft.«

Da sagte einer der Schüler des Zenmeisters: »Ja, so denkt er. Aber so einer ist gewiß nicht der Mann, Zenpraxis zu betreiben.« Der Meister erwiderte: »Meinst du? Nein, in diesem Mann steckt der Keim für eine außergewöhnliche Zenpraxis.«

Letzte Worte

Tenkei lag auf dem Sterbebett. Weinend und klagend umstanden ihn seine Schüler. Der Zenmeister blickte in die Runde und sagte: »Als der Buddha im Begriff war zu erlöschen, umstanden ihn Mönche, Nonnen, männliche und weibliche Laien, und alle weinten verzweifelt. Aber der Buddha schalt sie: ›Wenn ihr wirklich die vier heiligen Wahrheiten versteht, warum weint ihr dann?‹ Doch will ich heute euer Weinen und Klagen nicht schelten, da ihr von der Bindung an die Lehre noch nicht frei geworden seid.

Wundert ihr euch, warum ich so rede? Zeit meines Lebens war ich ein treuer Anhänger des Zenbuddhismus und habe mit ganzem Herzen für das Wohl der Menschen gearbeitet. Aber der Mensch ist stolz, der Einfluß der Erziehung gering, und sehr wenige Menschen besitzen Glauben. Wenn ich mir vorstelle, daß es in Zukunft keine Lehrer geben wird, die die wahre Lehre austragen, kommen mir, ohne daß ich es will, die Tränen.

Alles hängt von Bedingungen ab, und keine Selbstheit wohnt den Dingen inne. So etwas ist leicht zu sagen, aber schwer, klar zu verstehen. Ich fürchte, ihr werdet es nicht verstehen. Versteht ihr es aber doch, so seid ihr Erben der Lehre des Buddha und zahlt dem Buddha und den Begründern des Zen ihre Wohltaten zurück. Haltet an diesem Grundsatz fest, wirkt für das Wohl anderer, ohne Unterlaß.

Wenn später Leute, die jetzt nicht hier sind, kommen und mich sprechen wollen, so sagt ihnen, was ich auf dem Sterbebett gesprochen habe – unter Tränen.«

Niedergang und Wiederaufstieg des Zen

Hakuin, der große Zenmeister, der im 18. Jahrhundert die Rinzai-Sekte wiederbelebte, hatte bei vielen Lehrern Unterricht genommen. Shôjû Rôjin war es dann, der ihm die Augen für die Tiefe und Weite des echten Zen öffnete.

Shôjû pflegte zu sagen: »Unsere Zenschule erlebte unter der Sung-Dynastie (960–1278) einen Niedergang und erlosch unter der Ming-Dynastie (1368–1644) vollends. Zwar gelangten Reste von ihr nach Japan, doch ist sie jetzt so schwach wie Sterne bei Tageslicht. Dieser Zustand ist wirklich beklagenswert.«

Shôjû sagte auch: »Heute gibt es überall nur Nachahmer ohne eigenes Leben, die auf Wegweiser starren. Es sind ›Zenlehrer‹ ohne befreiten Blick. Solche Menschen können sich nicht einmal im Traum eine Vorstellung davon machen, was ein Erleuchteter zu vermitteln vermag.«

Später, nach seiner eigenen Erleuchtung, pflegte Hakuin zu sagen: »Als ich des alten Shôjû Kritik hörte, fragte ich mich, warum er auf die damaligen Zenzentren so schlecht zu sprechen war, wo doch die Klöster sich vermehrten und überall berühmte Lehrer von sich reden machten. Aber als ich dann die Zenwelt bereiste und eine Anzahl ›Meister‹ kennenlernte, war doch kein einziger echter und mit großer Einsicht darunter. Da erkannte ich erst, daß der Weg des alten Shôjû denen anderer Zenzentren weit überlegen gewesen war.«

Unabhängigkeit

Eines Tages lud man Zenmeister Tenkei offiziell ein, Lehrabt in einem bestimmten Kloster zu werden. Er lehnte mit den Worten ab: »Seit langem schon geht es mit der Lehre bergab. Die Grundlage der Lehre ist verlorengegangen. Wie könnte da jemand in der Welt als Lehrer auftreten? Schweigt mir davon!«

Der Bote, der ihm die Einladung überbracht hatte, entgegnete jedoch:

»Der Klosterorden möchte dich nur um der großen Lehre willen ausleihen. Wer könnte da behaupten, das sei nicht im Sinne der Lehre?« Und er bat den Zenmeister so inständig, daß Tenkei schließlich doch nachgab.

Aber schon im nächsten Jahr zog sich Tenkei wegen eines Vorfalls aus dem Kloster wieder zurück. Er sagte in einem Gedicht:

Das Kommen war schön, das Gehen ist gleichfalls schön:
Strömendes Wasser, eine schwebende Wolke: ein einzelner Bettelmönch.

Warum sich von anderen an der Nase herumführen
lassen?
Heute, da ich mich wieder dem Augenblick
anvertraue, hüpfe ich fröhlich umher.

Letzte Worte

»Alte Herrin O-San« erlangte Erleuchtung, als sie bei Zenmeister Tetsumon Unterricht nahm. Als später der große Meister Hakuin in ihre Provinz kam, suchte O-San ihn auf.

Um sich ein Bild von der Frau zu machen, fragte sie Hakuin nach »dem Klang des Klatschens mit *einer* Hand«.

Sofort antwortete O-San mit einem Gedicht:

Statt auf Hakuins Klang
Der einen klatschenden Hand
Zu hören,
Klatsche mit beiden Händen
Und tu deine Arbeit!

Auf dem Sterbebett war O-San von ihren Kindern umgeben, die ein paar Abschiedsworte von ihr hören wollten. Sie lächelte und trug einen Vers vor:

In dieser Welt,
Wo Worte nicht dauern,
Ebenso wenig wie der Tau
Oder das Laub: Was sollte ich da
Der Nachwelt sagen?

Geburt und Tod

Goshû kam zu Zenmeister Yui-e und sagte: »Viele Jahre lang habe ich mich mit Zen beschäftigt und bin noch nicht viel weitergekommen. Bitte gib mir Anleitung!«

Yui-e sagte: »Es gibt keine geheimen Tricks beim Studium des Zen. Zen ist einfach eine Angelegenheit der Freiheit von Geburt und Tod.«

Goshû fragte: »Wie schreitet man durch Geburt und Tod hindurch und gelangt zur Freiheit?«

Die Stimme hebend, sagte Yui-e: »Dein unaufhörlich weiterschreitendes Denken ist Geburt und Tod!«

Bei diesen Worten fiel Goshû in Verzückung und hatte das Gefühl, eine schwere Last abgeworfen zu haben.

Ein bekehrter Ketzer

Im Alter von vierzehn oder fünfzehn begann Ummon konfuzianische Bücher und religiöse Texte zu studieren. Im Alter von 22 aber erfuhr er eine Herzensumkehr: »Selbst wenn ich jedes exoterische und esoterische Buch, das es gibt, lese«, überlegte er bei sich selbst, »was hilft mir das an der Grenze zwischen Leben und Tod?«

Und er trennte sich von all seinen Büchern und hängte das akademische Studium an den Nagel.

Dann suchte er einen Zenmeister auf. Dieser wollte ihm die Arbeit mit Koans beibringen.

Aber Ummon protestierte: »Ich habe keine Lust, mit Koans zu arbeiten. Da ich weiß, daß ich einst als bloßer Aschenhaufen in einen Zustand des endgültigen Todes und unwiderruflichen Aufhörens gelangen werde, hege ich keinen Zweifel mehr. Was geschieht denn tagein tagaus? Ist es da? Ist es nicht da? Solange ich mich das frage, genügt das.«

Der Zenmeister sagte: »Wenn du so weitermachst, wirst du zum Ketzer werden.«

Ummon erwiderte: »Dann werde ich eben ein Ketzer! Es genügt mir, wenn ich den Frieden des Gemüts erreicht habe.« Ummon fuhr weitere zwei Jahre fort, in unbeirrbarer Ausrichtung zu meditieren.

Als er eines Tages Feuerholz im Wald sammelte, fühlte er, wie die ganze Welt, einschließlich er selbst, in sich zusammenstürzte. In diesem Augenblick erlangte er den Zustand kosmischer Freude.

Nun überlegte Ummon: »Zwar habe ich jetzt Frieden und Glück erlangt. Aber das ist nicht mehr, als worüber die kanonischen Schriften gewöhnlich berichten. Wie jedoch verhält es sich mit der Zenbotschaft, die außerhalb der offiziellen Lehren und auf besonderen Wegen vermittelt wird?«

Er verdoppelte also seine Anstrengungen für weitere zwei Jahre, bis ihm schließlich die lebendige Erfahrung des Zen zuteil wurde. Jetzt war sein Geist vollkommen frei.

Als Ummon den Tod nahen fühlte, ermahnte er seine Schüler mit den Worten: »Ich habe vier Regeln. Erstens: Durchschneide alle Gedankenknoten und verlasse dich allein auf die universelle Wahrheit. Zweitens: Laß Körper und Geist los und streife Geburt und Tod ab. Drittens: Schreite über das Absolute hinaus und schaffe dir ein individuelles Leben. Viertens: Schleppe Steine, häufe Erde und gib dadurch dem Weisheitsleben Dauer.«

Ummons Abschiedsgedicht lautete:

Das letzte Wort
Erhellt den Himmel
Und erhellt die Erde.

Ein exzentrischer Weiser

Entsû war ein exzentrischer Weiser der weniger bekannten Obaku-Zenschule. Frei von Konventionen ging er, wohin es ihn zog, und tat er, was ihm beliebte. Er lebte allein und blieb nirgends lange. Über sein Leben weiß man so gut wie nichts Sicheres.

Einmal wanderte Entsû durch die Stadt Kyoto, um eine Familie zu besuchen. Im Gewühl vergaß der Zenmeister in seiner unbeirrbaren Ausrichtung, wie er an sein Ziel gelangen sollte. Da ihm nichts Besseres einfiel, klopfte er an eine Tür nach der anderen und fragte jeden, der aufmachte: »Ist dies das Haus, wo Entsû erwartet wird?«

Bei einer anderen Gelegenheit wurde Entsû gebeten, für ein Buch das Vorwort zu schreiben. Er war einverstanden, schrieb aber in so schlechter Handschrift, daß der Text an vielen Stellen unleserlich war. Der Mann, der ihn um das Vorwort gebeten hatte, brachte ihm den Text zurück und bat ihn, ihm die Stellen vorzulesen.

Der Zenmeister vertiefte sich in seinen Text, überlas ihn einmal, zweimal und erklärte schließlich: »Ich kann es auch nicht entziffern! Aber einer meiner Schüler kennt meine Handschrift genau. Zeig es am besten ihm!«

Zen-Gelehrsamkeit

Honkô war ein ungewöhnlich begabter Zenmeister, stets in vorderster Reihe stehend, mit umfassender Bildung und ausgezeichnetem Gedächtnis. Sein eigener Zenlehrer Shigetsu war einer der größten Gelehrten seiner Zeit gewesen. Honkô selbst pflegte überall im Land umherzureisen und auf Einladung der jeweiligen Zenzentren zu lehren.

Unter Honkôs umfangreichen Schriften befindet sich ein Kommentar über Teile des gefürchteten »Shôbôgenzô«, das Opus Magnum des großen Zenmeisters Dôgen aus dem 13. Jahrhundert. Als erstes und einziges großes buddhistisches Werk, das in klassischem Japanisch geschrieben ist, ist das »Shôbôgenzô« einer der schwierigsten Texte des Kanons.

Als Honkô an seinem Kommentar zum »Shôbôgenzô« arbeitete, kam ein Mönch zu ihm, der gerade mit dem Studium der Logik befaßt war, und bat ihn, er möge ihm das »Sûrangama-Sûtra«, ein in chinesischer Sprache verfaßtes, sehr verwirrendes und kompliziertes Werk, erklären.

Da legte der Zenmeister das »Sûrangama-Sûtra« auf die linke Seite seines Schreibtisches, das »Shôbôgenzô« auf die rechte und ein Blatt Papier dazwischen. Dann erklärte er dem Mönch das »Sûrangama-Sûtra«, las zugleich im »Shôbôgenzô« und schrieb obendrein an seinem Kommentar. Seine Aufmerksamkeit war ohne Ablenkung auf alle drei Tätigkeiten zugleich gerichtet.

Darüber staunten alle, die es beobachteten, und bald begannen Gerüchte umzulaufen, Honkô sei die Inkarnation eines Geistes oder Heiligen.

Lange Heimreise

Schon als Kind bewies Daikyû, daß in ihm Außergewöhnliches steckte. Lehrer aller Schulen des Buddhismus hätten ihn gerne zum Schüler gehabt, doch ließen ihn seine Eltern nicht gehen.

Trotzdem verließ Daikyû schließlich sein Zuhause und wurde Schüler des Zen im Alter von erst fünf Jahren.

Im 15. Lebensjahr hörte Daikyû zufällig, wie sein Lehrer zu jemandem über etwas sprach, was er den »Zustand vor der Geburt« nannte. Das brachte Daikyû zum Nachdenken. Von da an saß er und meditierte, wann immer er Zeit hatte. Später begab er sich zu Zenmeister Zôkai in Kyoto, um ihn über die wichtigsten Elemente der Konzentration zu befragen. Auf dem Weg dorthin hielt er seine

Aufmerksamkeit beständig auf die Nasenspitze gerichtet, so daß er das Gewühl und die Pracht der alten Hauptstadt, durch die er mitten hindurchschritt, nicht einmal bemerkte. So versunken war er, daß er immer wieder in Pferdefuhrwerke hineinlief. Die Lenker schimpften laut, während Daikyû, ohne sich darum zu kümmern, weiterging.

Nachdem Daikyû Meister Zôkai gefunden hatte, bat er ihn um die Erlaubnis, dableiben und Zen studieren zu dürfen. Zôkai war einverstanden und vertraute Daikyû die Verwaltung seiner Apotheke an. Zu diesem Zeitpunkt war Daikyû achtzehn Jahre alt.

Als eines Tages Daikyû hinausging, um Kräuterabfall wegzuwerfen, vergaß er sich, während er am Flußufer entlangging, vollkommen. Es war die Jahreszeit, wo sich das Laub des Ahorns purpurrot färbt. Aber Daikyû sah es nicht einmal, so groß war die nadelspitze Intensität seiner Konzentration. Die Leute nannten ihn schon den »Assistenten in Trance«.

Im Alter von dreiundzwanzig suchte Daikyû den berühmten Zenmeister Kogetsu auf und beschrieb ihm die Art seiner Wahrnehmung. Kogetsu sagte: »Deine Wahrnehmung ist noch die eines Außenstehenden. An der Schwelle zwischen Leben und Tod wäre sie vollkommen nutzlos. Bündle deine Gedankenenergie mit Kraft, und eines Tages wirst du auf natürliche Weise die Einheit mit der Realität erlangen.«

Hierauf lehrte Kogetsu Daikyû einen Zyklus mit zwölf von einem chinesischen Zenmeister verfaßten Gedichten, von denen sich Daikyû in seinen Tag- und Nachtmeditationen leiten lassen sollte.

Im nächsten Sommer trug Daikyû einmal eine Flasche mit Tee in die Speisekammer, als ihn die Empfindung überkam, er wandere durch den Weltraum und sein Geist sei fest wie Eisen. Er blieb stehen, und ein frischer Wind wehte ihm in die Brust. Als er weiterging, prallte er gegen eine Säule und wurde unversehens von einer Einsicht überfallen.

Daikyû ging zum Zenmeister Kogetsu und erzählte ihm: »Heute habe ich endlich den Widerstand in meinem Herzen überwunden!«

Kogetsu lächelte nur.

Nach mehreren Jahren weiteren Lernens bei Kogetsu dachte Daikyû, er habe jetzt den Zen vollständig gemeistert. Er glaubte, es gebe niemanden, der ihm noch etwas beibringen könnte, und entschloß sich, einen Ort der Einkehr zu suchen, um dort seine Erfahrung zur Reife zu bringen.

Doch auf der Reise kam Daikyû ein Gedicht des großen Zenmeister Hakuin vor Augen. Es war so außergewöhnlich, daß sich Daikyû entschloß, Hakuin persönlich kennenzulernen.

Bei ihrer Begegnung stellte Daikyû fest, daß es sich bei Hakuin tatsächlich um eine bedeutende Persönlichkeit des Zen handelte. Sofort bat er um die Erlaubnis, seine Zenstudien bei ihm fortsetzen zu dürfen.

Als langjähriger Sucher besaß Daikyû ein Notizbuch, in das er jeden Zenspruch eintrug, den er gemeistert hatte. Entschlossen, unter Hakuins Anleitung einen ganz neuen Anfang zu machen, nahm er dieses kostbare Notizbuch und verbrannte es.

Damals war Daikyû sechsundzwanzig Jahre alt.

Eines Tages begleitete er Hakuin auf einem Besuch bei Unzan, einem anderen Zenmeister. Im Lauf des Gesprächs kam man auf ein klassisches Zenthema, den »Blaues-Kliff-Bericht«. Unzan fragte Hakuin, welches Gedicht in dieser Sammlung er für das beste halte. Hakuin nannte ein Gedicht, und Unzan war der gleichen Meinung.

Daikyû, der dabeisaß und der Unterhaltung der beiden älteren Meister lauschte, war tief bestürzt über das, was er da hörte. Seit mehr als zwanzig Jahren hatte er jetzt Zen studiert und war doch nicht in der Lage, so feine Unterschiede wie die älteren Meister zu bemerken!

Auf dem Heimweg wollte Daikyû Hakuin mitteilen, was er erlebt hatte, doch fiel es ihm schwer, sich auszudrücken. Er folgte dem großen Meister in einem gewissen Abstand und näherte sich ihm mehrere Male, um ihn zum Stehenbleiben zu bewegen und anzusprechen.

Aber Hakuin, der wußte, daß Daikyû reif für einen Durchbruch war, ließ ihn absichtlich nicht an sich herankommen und setzte ungerührt seinen Weg fort.

Da setzte sich Daikyû, über die Maßen erregt, auf die Terrasse eines Hauses an der Straße.

Er meditierte eine gute Weile und hatte plötzlich eine Einsicht. Als er die Augen wieder aufschlug, war Hakuin seinen Blicken entschwunden.

Daikyû rannte jetzt zum Tempel zurück und teilte Hakuin seine Einsicht mit. Der ältere Meister bestätigte ihm die Echtheit seines Erlebnisses.

Nicht lange danach verließ Daikyû Hakuin. Beim Abschied fragte er den großen Meister: »Was ist die erste Formel?«

Hakuin sagte: »A, B, C.«

Daikyû fragte: »Was ist die zweite Formel?«

Hakuin sagte: »M, N, O.«

Daikyû verneigte sich und ging.

Hakuins Assistent, Zenmeister Tôrei, hatte diese Unterhaltung mitangehört. Nach einiger Zeit sagte er zu seinen Anhängern: »Dieser Daikyû ist wirklich ein Anfänger. Er hat nicht einmal nach der dritten Formel gefragt. Ich hoffe, er kommt noch einmal zurück, damit ich die Frage für ihn anschneiden kann.«

Als Daikyû neunundzwanzig war, ging er wieder zu seinem ersten Lehrer, der mittlerweile zum Greis geworden war.

Eines Abends saß Daikyû da, und es war schon sehr spät, als er plötzlich einen Hund heulen hörte. In diesem Augenblick öffnete sich sein Geist, und er erlangte eine große Erleuchtung. All sein früheres Wissen und all seine Ansichten warf er in einem Nu von sich.

Tags darauf suchte er Seizan auf, einen Zenmeister, mit dem er früher gearbeitet hatte. Noch bevor Daikyû ein

Wort gesagt hatte, redete ihn Seizan an: »Ich wußte von Anfang an, daß du das Zeug für die Erleuchtung hattest. Ich habe hier lange Zeit darauf gewartet, daß du sie selbst bei dir auslöstest. Offenbar ist so etwas nur eine Frage der Zeit. Ich enthalte dir nichts vor. Jetzt hinterlasse ich dir den Schatz des Auges der Wahrheit.«

Daikyû verneigte sich nur.

Zu guter Letzt wurde Daikyû selbst Zenlehrer. Er war sehr streng und pflegte seine Schüler zu fragen: »Wenn sich euch das universelle Leben einmal offenbart hat, warum gelingt es euch dann nicht, weiter zur Freiheit durchzubrechen?« Zu seinem tiefsten Bedauern begriff niemand in seiner Schülergruppe, was er meinte.

Im Frühling seines neunundfünfzigsten Lebensjahres wurde Daikyû krank. Er spürte, daß das Ende nahe war, und präsentierte seinen geistigen Erben, den er mit den Insignien der Nachfolge ausstattete. Darunter war auch das Gewand des Glaubens, das die Übertragung der buddhistischen Vorschriften versinnbildlichte, und eine Urkunde mit der genauen Sukzession der Meister.

Als Daikyûs Zustand kritisch wurde, baten ihn die ihn umringenden Anhänger um ein letztes Wort.

Da richtete sich Daikyû majestätisch auf, und Freude sprach aus seiner ganzen Haltung. Lächelnd öffnete er die Augen und achtete darauf, daß es auch jeder in der Runde sah. Dann schied er von ihnen, sitzend, im Zustand heiterer Ruhe.

Ein trunkener Buddha

Suiwô und Tôrei waren Zenmeister Hakuins fähigste Helfer. Suiwô galt als Meister des großen Könnens, Tôrei als Meister der subtilen Einzelheit. Viele von Hakuins Nachfolgern erhielten ihre weitergehende Schulung von einem oder beiden dieser jüngeren Meister.

Suiwô war schon über dreißig, als er Hakuin zum ersten Mal begegnete. Über sein früheres Leben ist so gut wie nichts bekannt. Der große Meister Hakuin erkannte in Suiwô einen Mann von außergewöhnlichen Gaben und faßte ihn hart an, um sein Potential zu entwickeln.

Suiwô verbrachte zwanzig Jahre in Hakuins Schule, lebte aber zehn Meilen entfernt und ging niemals in den Tempel, außer es gab einen Lehrvortrag dort. Seine Besprechungen mit den Lehrern fanden immer nachts statt, so daß niemand sah, wie er kam oder ging. An Vortragstagen pflegte er sofort nach dem Vortrag zu verschwinden. So bemerkte man kaum, daß Suiwô Schüler Hakuins war.

Suiwô war von Natur aus Exzentriker. Freund des Reisweins, schenkte er alltäglichen Dingen keine Aufmerksamkeit und sprach und handelte häufig gegen alle Konvention. Kaum je saß er auch in Meditationshaltung oder las eine Schrift. Er besaß keine feste Wohnung, sondern streifte draußen herum und legte sich schlafen, wo es sich traf, glücklich, wenn es ihm gelungen war, genügend Wein aufzutreiben, um sich einen Rausch anzutrinken. Er hatte Hobbys, z. B. das Schachspiel und das Malen, und lebte, wie es ihm gefiel. Die Leute konnten nicht sagen, ob er ein tiefes, stilles Wasser oder nur ein seichter Tümpel war.

Suiwô legte wie gesagt keinen Wert darauf, in Hakuins Tempelbezirk zu leben. Aber als der Meister todkrank war, kam er herüber und pflegte ihn. Nach dem Tod Hakuins erbte Suiwô den Tempel, blieb jedoch untätig. Wenn Leute zum Studium des Zen kamen, sagte er ihnen einfach, sie sollten zu Tôrei gehen. Doch trotz seiner Weigerung, Zen zu lehren, umgaben ihn niemals weniger als siebzig oder achtzig Schüler.

Daikyû und Reigen, Zenmeister, die ebenfalls bei Hakuin gelernt hatten, schrieben nun Briefe an Suiwô und forderten ihn auf, endlich die Arbeit aufzunehmen. Doch Suiwô blieb bei seiner Haltung und ließ sich zu nichts bewegen.

Schließlich kamen, sieben Jahre nach Hakuins Tod, Daikyû, Reigen und Tôrei gemeinsam zu Suiwô und bestanden darauf, er müsse als Zeremonienmeister bei dem traditionellen Hakuin-Gedenkdienst amtieren, der seit sieben Jahren alljährlich von Hakuins Schülern abgehalten wurde. Dem konnte sich Suiwô nicht entziehen. Er hielt bei dieser Gelegenheit einen Vortrag über die fünf Häuser des Zen vor einer Versammlung von mehr als zweihundert Menschen.

Er war inzwischen achtundfünfzig Jahre alt geworden. Die Zahl seiner Anhänger war auf mehr als hundert angewachsen. Sie lebten in ihren überall in der Gegend verstreuten Unterkünften, und Suiwô hatte nicht genug Zeit, sich ihnen allen zu widmen.

Man lud ihn auch an andere Orte ein, wo er Zuhörerscharen von drei- bis fünfhundert Menschen anzog. Noch später kamen bis zu sieben- und achthundert Zuhörer zu seinen Vorträgen über klassischen Zen.

Suiwô pflegte zu sagen: »Ein alter Weiser hat gesagt, es sei besser, zu entspannt als zu gespannt zu sein.« Und er fügte hinzu: »Seid niemals schwach und unselbständig. Wer die Wahrheit unablässig und beharrlich sucht, kann in ein oder zwei Nächten den Durchbruch schaffen.«

Suiwô sagte auch häufig: »Überall sonst ist man ordentlich, hält sich genau an die Regeln und führt würdige Zeremonien durch. Doch wir hier haben Elefantenaugen, Affennasen und keine Haare auf dem Schienbein. Denn welchen Nutzen haben schon Weltmenschen, die sich ihren Lebensunterhalt durchs Rezitieren der heiligen Schriften verdienen?«

Wenn Suiwô von der Schule seines alten Lehrers Hakuin erzählte, pflegte er zu sagen: »Der einzige seiner Jünger, der alle in Hakuins Haus vermittelten geistigen Werte in sich aufnahm, war Tôrei. Der einzige, der tief bis zum Ursprung seiner Lehren vordrang, war Daikyû.«

Suiwô sagte auch: »Sogar Zenmönche, die sonst frei und ungehemmt durchs Land reisten, gerieten in Verlegenheit, wenn sie Hakuin begegneten. Warum? Weil bei ihm ›Dornenranken bis zum Himmel reichten und Stacheln den Boden bedeckten‹, so daß sie weder vor noch zurück konnten. Deshalb mußten sie zusehen, wie ihnen ihre Fahnen und Trommeln abgenommen wurden, deshalb legten sie ihre Rüstung ab und ergaben sich. Nirgendwo sonst gibt es diese Dornenranken, weshalb die Mönche solche Gemeinschaften schnell und glatt durchlaufen und dann unfähig sind, jemandem ein Bein zu stellen. Aber ich glaube, das ist ganz gut so.«

Als Suiwô auf dem Sterbebett lag, baten ihn seine Pfleger um ein Abschiedsgedicht. Aber Suiwô schnauzte sie nur an. Sie jedoch beharrten auf ihrer Bitte. Da nahm er einen Pinsel und schrieb:

Ich habe Buddhas und Zenmeister
73 Jahre lang
Zum Narren gehalten.
Was nun meine letzten Worte betrifft:
Was? Was?
Kaaa!

Und damit schloß er die Augen und verschied.

Der Meister der subtilen Einzelheit

Tôrei nahm zuerst bei Meister Kogetsu Zenunterricht. Dann verbrachte er schwere Lehrjahre bei Hakuin.

Gut vorbereitet durch seine Arbeit mit Kogetsu, kam Tôrei unter Anleitung Hakuins rasch zum Erwachen. Innerhalb einiger Jahre hatte er sich alle inneren Lehren Hakuins angeeignet.

Leider untergruben die harten Übungen Tôreis Gesundheit, und er wurde todkrank. Keine Behandlung half, weshalb er bei sich dachte: »Jetzt habe ich alles über Ursprung und Methoden des Zen herausgefunden. Aber was habe ich davon, wenn ich doch plötzlich sterben muß?«

Hierauf schrieb er ein Buch mit dem Titel »Die unerschöpfliche Lampe des Zen«. Er zeigte es Hakuin mit den Worten: »Wenn irgendwas Wertvolles drinsteht, vermache ich es den kommenden Generationen. Ist es aber nur dummes Zeug, fliegt es ins Feuer.«

Hakuin warf einen Blick hinein und sagte: »Das ist Arznei, die künftigen Generationen die Augen öffnen wird.«

Nun verließ Tôrei Hakuin und ging nach Kyoto, wo er ein ruhiges Leben führte und seine Krankheit auszukurieren suchte. Aber er war jetzt bereit anzunehmen, was die Zukunft bringen würde, Tod oder Leben.

Als er sich eines Tages im Zustand der Gedankenleere befand, sah er plötzlich mit den Augen des durch ein langes Leben gereiften Hakuin. Von da an genas er zusehends.

Voller Freude schrieb er Hakuin einen Brief und berichtete, was geschehen war. Der große Meister rief ihn zurück und machte ihn zu seinem Zen-Nachfolger.

Nach Tôreis Genesung arbeiteten er und Hakuin zusammen an einem Lehrplan für eine Zenschule. Die meisten detaillierten Prüfungsbestimmungen darin stammen von Tôrei. Gegen Ende von Hakuins Leben, als dessen Kräfte schwanden, arbeitete Tôrei hart, um die Schüler aufzuwecken und anzuspornen. Viele von Hakuins letzten Schülern machten sehr langsame Fortschritte bei der Verwirklichung. Aber den sich Auszeichnenden gab Tôrei den letzten Schliff.

Buddhaschaft in diesem Leben

Zenmeister Tôrei hielt einmal einen Lehrvortrag in Saga, einem der gebirgigen Vororte Kyotos. Es war mitten im Winter und so schneidend kalt, daß die Zuhörer jämmerlich dreinschauten.

Da bellte Tôrei sie an: »Wer sich von so ein bißchen Kälte schon umwerfen läßt, der kann gleich wieder ins

Weltleben zurückkehren! Warum woll ihr überhaupt Zen lernen? Warum sucht ihr Zen nicht in euren Herzen? Fische leben im Wasser, wissen aber nicht, daß Wasser sie umgibt. Die Menschen leben in der erhabensten Wahrheit, kennen die Wahrheit aber nicht.«

Im Publikum Tôreis befand sich damals einer der ersten Anhänger der Selbsterforschungs-Bewegung, ein Mann namens Nakazawa Dôni, der später die Selbsterforschungsbewegung in Ostjapan etablieren sollte. Als er diese Worte von Zenmeister Tôrei hörte, erlangte er plötzlich Erleuchtung. »Die Lehre darzulegen heißt, den Geist nicht auf Äußeres richten«, erklärte er später. »Dies meinen die Meister, wenn sie von der Erlangung der Buddhaschaft schon in diesem Körper sprechen.«

Zu frühe Ernennung

Ryôzai nahm Zenunterricht zuerst bei Kogetsu. Später schloß er sich Hakuin an, unter dessen Anleitung er zum Erwachen kam.

Als Ryôzai Hakuin aufsuchte, sah der große Lehrer sofort, daß der junge Mann über ungewöhnliche Fähigkeiten verfügte. Ryôzai verbrachte mehrere Jahre bei Hakuin und wurde schließlich zum Zenmeister ernannt. Auf diese Weise war Ryôzai der erste von noch vielen folgenden Lehrern, die von dem großen Zenmeister Hakuin ausgebildet wurden.

Doch später sagte Hakuin oft: »Ich habe Ryôzai das Siegel der Anerkennung zu früh gegeben. Deshalb wird er jetzt mit den Dingen nicht fertig. Hätte ich mit der Erteilung der Lehrerlaubnis noch drei Jahre gewartet, so hätte heute niemand auf der Welt etwas an ihm auszusetzen.«

Da fragte jemand Hakuin, warum er so rasch vorgegangen sei. Mit tiefem Bedauern antwortete der große Meister: »Damals dachte ich nur daran, wie selten man auf einen solchen Menschen stößt, und merkte daher nicht, daß es zu früh war.«

Das große Werk

Gasan ging auf Reisen, als er siebzehn war. Er kam in ein Zenkloster und erlangte nach neunzig Tagen intensiver Arbeit einige Einsicht. Hierauf begab er sich von einem Zenmeister zum andern und lernte im Lauf der Zeit tatsächlich bei über dreißig Meistern. Aber keiner konnte ihm helfen, weshalb er zu seinem ersten Lehrer, Gessen, zurückkehrte.

Gessen ernannte den jungen Gasan zum Meister und schlug ihm vor, das Wanderleben aufzugeben. Auch Gasan selbst glaubte damals, er habe den Zen wirklich gemeistert.

Nun hatte Gasan auch Zenmeister Hakuins Schule ab und zu besucht, aber bisher nicht den Wunsch gehabt, dem berühmten Lehrer persönlich zu begegnen.

Doch eines Tages kam ihm in den Sinn: »Von den vielen Lehrern im Land, die ich getroffen habe, konnte mir keiner auch nur das Geringste zeigen. Hakuin ist der einzige, dessen Methoden ich noch nicht kenne.«

Dieser Gedanke weckte in Gasan das Verlangen, Hakuin zu begegnen. Er erzählte Gessen von seiner Absicht. Gessen aber sagte: »Warum willst du Hakuin unbedingt sehen?« Da dachte Gasan wieder, er sei doch auf dem richtigen Weg, und blieb, wo er war.

Ein weiteres Jahr verstrich, als Gasan hörte, Hakuin sei zu einem Vortrag über den klassischen »Blaues-Kliff-Bericht« nach Edo, der Hauptstadt, eingeladen. Da dachte er: »Solange ich diesen alten Lehrer nicht gesehen habe, bin ich nicht wirklich ein großer Mann.«

Zwar versuchte ihn Gessen wieder zurückzuhalten, aber jetzt war Gasan fest entschlossen, zu gehen. Er reiste umgehend nach Edo, um dem großen Meister Hakuin zu begegnen.

Als es soweit war, unterbreitete Gasan Hakuin, was er eingesehen hatte. Doch Hakuin schimpfte nur: »Von was für einem Scharlatan kommst du eigentlich, um mir soviel schlechten Atem ins Gesicht zu blasen?« und warf ihn hinaus.

Doch Gasan gab nicht auf, obwohl er insgesamt dreimal hinausgeworfen wurde. Trotzdem dachte er immer noch, er sei wirklich erleuchtet und Hakuin versuche nur, seinen Widerstand zu brechen.

Eines Abends aber, als die Vortragsserie sich ihrem Ende näherte, überlegte Gasan: »Tatsache ist, daß Hakuin der größte Lehrer im Land ist. Warum sollte er Leute so einfach von sich stoßen? Er muß einen triftigen Grund dafür haben.«

Jetzt entschuldigte sich Gasan bei Hakuin für seine Arroganz und bat um Unterweisung. Hakuin aber sagte: »Du bist unreif. Du wirst zeitlebens mit einem bloßen Zen-Fell vor dem Bauch herumlaufen. Du magst zwar wunderbar sprechen können, aber das hilft dir gar nichts, wenn du am Ufer zwischen Leben und Tod ankommst. Wenn du willst, daß dir dein Leben wirklich intensive Erfüllung bietet, so mußt du den Klang einer Hand hören können, die sich in die Hand klatscht.«

Später erzählte Gasan seinen eigenen Schülern: »Fast zwanzig Jahre lang wanderte ich durchs ganze Land und arbeitete bei mehr als dreißig Lehrern. Ich war so aggressiv, daß keiner mit mir fertig wurde. Schließlich lief ich dem alten Hakuin in die Arme und wurde dreimal hinausgeworfen. Bei ihm versagte mein übliches Auftrumpfen. Und ich wurde sein aufrichtiger Jünger.

Wer hätte mich damals schlagen können außer Hakuin? Ich spreche nicht von seinen großartigen Eigenschaften oder seinem Ruhm. Ich spreche nicht von seiner Hellsichtigkeit und seiner durchdringenden Einsicht in die schwierigen Koans der Alten. Ich spreche nicht von seiner klar dahinfließenden Rede und seinen kühnen Gedanken. Ich spreche nicht von der großen Zahl seiner Anhänger. Ich spreche nur von der Tatsache, daß es Hakuin, wo alle anderen Zenlehrer im Land nichts mit mir anfangen konnten, durch seine strenge Behandlung gelang, mich in eine Sackgasse zu manövrieren, wodurch er mich schließlich in die Lage versetzte, das große Werk zum Abschluß zu bringen.

Natürlich ist dieses Werk keineswegs leicht. Ich folgte Hakuin nur vier Jahre lang, und er war damals schon so alt, daß er manchmal zur Beantwortung von Fragen zu müde war. Aber dann wandte ich mich an Meister Tôrei und erfuhr die erhabensten Lehren von ihm. Wäre Tôrei nicht da gewesen, hätte ich die letzten Einzelheiten des Werkes niemals vollenden können.«

Harte Maßnahmen

Izu hatte lange Zeit bei Hakuin Zenunterricht gehabt. Als selbständiger Lehrer übernahm er dann den harten Drill des gefürchteten Meisters, ja, war sogar noch strenger. Immer wenn er Menschen, die ihn über Zen befragen wollten, empfing, legte er ein bloßes Schwert neben seinen Sitz. Waren sie zu zögerlich oder zu diskutierfreudig, jagte er sie mit dem Schwert hinaus.

Lernen des Lernens

Teishû hatte von Natur aus einen ungewöhnlich scharfen Verstand. Seine Ausbildung umfaßte sowohl die religiöse als auch die weltliche Klassik. Das einzige, was er nicht verstand, war der Inhalt des »I Ging«, des alten »Buchs der Wandlungen«.

Um seine Bildung zu vervollständigen, machte sich Teishû auf den Weg zur Hauptstadt Edo. Er wollte dort die älteren konfuzianischen Gelehrten über das »Buch der Wandlungen« befragen. Der Weg führte ihn am Tempel des Zenmeisters Hakuin vorbei. Da Hakuin als einer der größten Meister des Landes galt, entschloß sich Teishû, um Herberge zu bitten und Hakuin aufzusuchen.

Als sie sich begegneten, fragte Hakuin: »Wohin bist du unterwegs?« Teishû antwortete: »Nach Edo.« Hakuin fragte weiter: »Was willst du dort?« Teishû sagte: »Ich verstehe den Inhalt des ›Buchs der Wandlungen‹ nicht, weshalb ich mir die Vorträge der älteren Gelehrten in der Hauptstadt anhören will.«

Hakuin sagte: »Das ›Buch der Wandlungen‹ versteht man nicht, solange man nicht die Kraft zur Erkenntnis des Geistes besitzt. Warum bleibst du nicht ein Weilchen hier und versuchst, deinen Geist zu ergründen? Hast du erst einmal das Wesen des Geistes begriffen, werde ich dir das ›Buch der Wandlungen‹ schon erklären.«

Teishû antwortete: »Ich will tun, was du sagst.« Und er blieb bei Hakuin und arbeitete intensiv mit ihm. Als die Zeit reif war, vergaß er seine Zweifel und erwachte.

Ein Fehler

Chôdô lernte Zen bei Meister Kogetsu und verwirklichte den Zustand des Nichtseins.

Nun stand zu dieser Zeit die Schule des Zenmeisters Hakuin in voller Blüte, und Sucher aus dem ganzen Land strömten dem großen Lehrer zu.

Auch Chôdô hatte den Wunsch, Hakuin aufzusuchen und über Zen mit ihm zu debattieren. Aber Kogetsu riet ihm ab. Chôdô jedoch wollte nicht auf ihn hören, weshalb Kogetsu sagte: »Wenn du darauf bestehst, so laß mich dir wenigstens eine Empfehlung schreiben.«

Also reiste Chôdô mit einem Empfehlungsbrief Kogetsus zum Aufenthaltsort Hakuins.

Chôdô betrat den Tempel, in dem Hakuin lebte, gerade in einem Moment, wo der große Meister ein Bad nahm. Da sprang auch Chôdô ins Wasser und unterbreitete Hakuin seine Einsichten. Hakuin sagte: »Steht es so mit dir, bist du nicht umsonst hergekommen. Aber ruhe dich erst einmal aus.«

Chôdô dachte schon, auch Hakuin werde ihm nun seine Beglaubigung geben.

Als dieser daher endlich aus dem Bad stieg, näherte sich Chôdô in aller Förmlichkeit und überreichte den Empfehlungsbrief Kogetsus.

Hakuin öffnete den Brief und las die Worte: »Dieser junge Mann ist nicht ohne Einsicht, hat aber wenig Format. Bitte behandle ihn, wie es dir zweckdienlich erscheint.« Sofort hielt Hakuin Chôdô eine Standpauke: »Du hast nur wenig Können und geringes Potential. Was nützt es dir da, die Vollendung des großen Werkes ins Auge zu fassen?«

Chôdô, dessen Hoffnungen so rücksichtslos zerstört worden waren, wurde krank und niemals mehr gesund. Er ging in seine Heimatstadt zurück und errichtete sich einen kleinen Meditationsraum, wo er Zen für sich allein übte.

In Zenklöstern ist es Tradition, in der ersten Woche des letzten Monats im Jahr, zur Erinnerung an die Erleuchtung des Buddha, eine Sitzung Intensivmeditation abzuhalten. Bei diesen Gelegenheiten pflegte Chôdô Kindermönche und Katzen in seinen Meditationsraum zu holen und sie sich setzen zu lassen. Wenn die Katzen weglaufen wollten, fing er sie wieder ein und traktierte sie mit Schlägen, weil sie die Regeln verletzt hatten.

Hakuin klagte manchmal: »Ich habe viele Menschen unterrichtet. Aber in zwei Fällen habe ich Fehler gemacht: bei Chôdô und noch bei jemand anderem.«

Sprechen und Zuhören

Gettan pflegte zu seinen Gefährten zu sagen: »Wenn euer Mund spricht, hören eure Ohren nicht. Wenn eure Ohren hören, spricht euer Mund nicht. Denkt einmal gut darüber nach!«

Die elfte Stunde

Chôsha nahm jedes Jahr an der besonderen Sitzung Intensivmeditation bei Zenmeister Hakuin teil, erreichte aber nie etwas.

Schließlich sagte Hakuin am Ende einer Sitzung zu ihm: »Du kommst jedes Jahr hierher, wie eine Ente, die ins kalte Wasser taucht. Du machst eine weite Reise, ganz umsonst, denn du gewinnst hier gar nichts. Ich möchte wissen, wie viele Strohsandalen du im Lauf der Jahre schon durchgelaufen hast. Für Versager wie dich habe ich keine Verwendung. Bleibe also in Zukunft fort!«

Zutiefst bestürzt dachte Chôsha bei sich selbst: »Bin ich nicht Manns genug? Wenn ich dieses Mal nicht zur Verwirklichung durchbreche, kehre ich nicht lebend heim. Ich konzentriere mich auf die Meditation, bis ich tot umfalle.«

Chôsha gab sich eine Frist von sieben Tagen und setzte sich in einen Schuppen mit Fischernetzen am Strand.

Aber selbst nach sieben Tagen Meditationssitzung ohne Essen und Schlafen stand er immer noch wie vor einer Mauer. Es blieb ihm nichts anderes übrig, als sich im Ozean zu ertränken.

Nach dem traditionellen Selbstmordritual zog er sich die Schuhe aus und schritt in die Wellen hinein. In diesem Augenblick sah er vor sich den schimmernden Ozean, übergossen von den Purpurstrahlen der aufgehenden Sonne, wurde wie im Nu vollkommen leer und erlebte ein großes Erwachen.

Das Steingewand

Niemand weiß den wirklichen Namen des Zenmeisters, der als der Steingewand-Mönch bekannt geworden ist. Er lebte allein in der Nähe von Hakuins Tempel und besuchte den großen Lehrer von Zeit zu Zeit.

Der einsame Meister war so arm, daß er nicht einmal ein eigenes Übergewand besaß. In sehr kalten Nächten lief er daher, einen großen Stein schleppend, um seine Hütte, bis ihm warm wurde. Deshalb gaben ihm die Leute der Gegend den Namen Steingewand-Mönch.

Später verschwand er plötzlich. Niemand weiß, wo er starb, aber der Stein, den er vor sich hertrug, liegt noch vor seiner Hütte.

Etwas aus Nichts

Auf einer Reise erblickte Zenmeister Zenkô einmal eine Tempelruine und dachte bei sich, sie sollte restauriert werden.

Da er selbst nichts besaß, schrieb er auf ein großes Schild die Worte: »Diesen Monat und an dem und dem Tag wird der Pilger und Zenmeister Zenkô eine Selbstverbrennung veranstalten. Jeder, der Geld für den Scheiterhaufen beisteuert, darf kommen und zuschauen.« Zenkô trug das Schild überall umher. Bald waren die Leute der Gegend in heller Aufregung, und Spenden begannen zu fließen.

Am besagten Tag drängte alles in den Tempel und wartete darauf, daß das Feuer angezündet wurde. Zenkô saß auf dem Scheiterhaufen, bereit zum Selbstopfer. Er rief schon nach dem Zunder, der auf sein Zeichen hin entflammt werden sollte.

Erst aber gab er sich noch schweigender Versenkung hin. Eine lange Zeit verstrich. Auf einmal schaute er zum Himmel auf und nickte. Dann wandte er sich an das Volk:

»Hört doch, hört! Hört ihr nicht die Stimmen in den Wolken? Gerade als ich im Begriff war, in die Erlöschung einzutreten, riefen mir alle Heiligen zu: ›Es ist noch zu früh für dich, an ein Verlassen dieser schmutzigen Welt zu denken. Ertrage sie noch für ein Weilchen und bleibe hier, um lebende Geschöpfe zu retten!‹ Ich kann also die Verbrennung heute unmöglich durchführen.«

Nach diesen Worten nahm Zenkô die Spendengelder und konnte mit ihnen den verlassenen Tempel restaurieren.

Der Buddhismus und die Welt

Als Satsume sechzehn war, dachte sie bei sich selbst: »Ich bin zwar nicht besonders schön, aber glücklicherweise gesund. Ohne Zweifel werde ich bald heiraten. Ich hoffe, ich kriege einen stattlichen Mann!«

Sie fing jetzt an, an einem Schrein in ihrer Nähe zu beten, und rezitierte Tag und Nacht aus einer heiligen Schrift. Sogar beim Nähen und Waschen waren die Worte aus der Schrift beständig auf ihren Lippen.

Nach mehreren Tagen ununterbrochener Rezitation erlebte Satsume plötzlich ein Erwachen der Einsicht.

Nicht lange danach schaute ihr Vater einmal in ihr Zimmer und erblickte sie, wie sie majestätisch oben auf der Kopie einer buddhistischen Schrift thronte. Besorgt dachte er schon, sie sei verrückt geworden, und sprach sie mit leisem Vorwurf an: »Was denkst du dir eigentlich dabei, auf einer so kostbaren Schrift zu sitzen? Gewiß wird dich die Wahrheit bestrafen!«

Satsume aber antwortete: »Unterscheidet sich diese herrliche Schrift irgendwie von meinem verlängerten Rükken?«

Das kam nun dem Vater noch sonderbarer vor. Er ging und erzählte es Zenmeister Hakuin.

Hakuin sagte: »Ich weiß schon, was hier hilft.« Er

schrieb ein kurzes Gedicht, übergab es dem Vater und sagte: »Klebe es in deiner Wohnung an die Wand, wo sie es sicher sieht.«

Das Gedicht lautete:

Vernimmst du den Ruf
Eines schweigenden Raben
Im Dunkel der Nacht,
Vermißt du deinen Vater,
Eh du neu geboren bist.

Der Mann nahm den Vers und tat, wie Hakuin ihm gesagt hatte.

Als Satsume das Gedicht sah, sagte sie: »Das ist die Handschrift Meister Hakuins. Also versteht sogar er es nicht!«

Dies kam dem Vater erst recht seltsam vor, und wieder erzählte er es Hakuin. Hakuin sagte: »Komm mit Satsume hierher. Ich werde sie mir genau anschauen.«

Nun gingen Satsume und ihr Vater zu Hakuin. Der Zenmeister prüfte die junge Frau auf Herz und Nieren, und Satsume gab ohne zu stocken Antwort. Schließlich legte ihr Hakuin einige Koans vor. Satsume begann sogleich über sie nachzudenken, doch Hakuin sagte: »Geh erst einmal und konzentriere dich darauf!«

Im Lauf einiger Tage bestieg Satsume mehrere Koan-Stufen. Schließlich lehrte Hakuin sie, was noch darüber hinausgeht, aber Satsume weigerte sich, es anzunehmen.

Da warf sie der Zenmeister hinaus.

So erging es Satsume noch mehrere Male. Doch nachdem ein halbes Jahr verstrichen war, hatte sie begriffen, was noch darüber hinausgeht, und hatte die schwierigsten und rätselhaftesten Geschichten der Alten studiert. Sie war Zenmeisterin geworden, obgleich noch nicht einmal zwanzig Jahre alt.

Jetzt hielt Satsumes Vater nach einem geeigneten Mann für sie Ausschau. Anfangs sträubte sie sich und wollte nicht heiraten, aber Hakuin ließ sie zu sich kommen und redete ihr zu:

»Du hast die erleuchtete Wirklichkeit erblickt und begriffen. Warum solltest du also die irdische Wirklichkeit zurückweisen? Außerdem ist die Ehe eine wichtige Pflicht für Männer und Frauen. Es wäre besser für dich, wenn du deinem Vater gehorchtest.«

Also heiratete Satsume.

Nach Satsumes Ableben sagte Hakuins Nachfolger Suiwô zu seinen Schülern: »Zu Lebzeiten unseres ehemaligen Lehrers gab es viele, viele Laienfrauen mit vollkommen klarer Einsicht. Es gab welche unter ihnen, z. B. die alte Herrin Satsu, denen sogar erfahrene Zenmönche nicht das Wasser reichten konnten.«

In ihren letzten Jahren traf Satsume der Tod einer Enkelin besonders schmerzlich. Ihr Nachbar, ein alter Mann, tadelte sie deswegen: »Warum bist du so traurig und stöhnst so laut? Wenn dich die Leute hören, werden sie sich fragen, wie du dich so benehmen kannst, nachdem du doch bei Zenmeister Hakuin gelernt und Einsicht ins Wesentliche erlangt hast. Also nimm dich bitte ein wenig zusammen!«

Satsume starrte den Alten an und erwiderte: »Was weißt denn du, alter Glatzkopf. Mein Weinen und Jammern sind besser für meine Enkelin als Weihrauch, Blumen und Lampen!«

Das reine Land reiner Gedanken

Eine Frau, deren Namen niemand kennt, hörte sich einmal einen Vortrag Hakuins an. Der Zenmeister sagte unter anderem: »Das reine Land reiner Gedanken ist der Buddha im Menschen. Sobald dieser Buddha erscheint, strahlt die ganze Welt in hellem Licht. Wollt ihr es wahrnehmen, so wendet euch eurem Herzen zu und sucht in eindeutiger Ausrichtung.

Da es sich um das reine Land reiner Gedanken handelt: Wie ist das reine Land organisiert? Da es sich um den Buddha im Menschen handelt: Welche Eigenschaften und Qualitäten besitzt der Buddha?«

Als die Frau das hörte, dachte sie bei sich: »Das ist nicht zu schwer für mich!« Sie kehrte nach Hause zurück, schaute Tag und Nacht in sich hinein und stellte dieses Land wachend und schlafend vor ihr Bewußtsein. Dann erzielte sie eines Tages, während sie einen Topf auswusch, den Durchbruch.

Sie warf den Topf beiseite und suchte Hakuin auf. Sie sagte: »Ich bin dem Buddha in meinem Körper begegnet. Alles strahlt in hellem Licht. Wunderbar, wunderbar!« Sie war so glücklich, daß sie vor Freude tanzte.

Hakuin aber sagte: »Das sagst du jetzt so, aber was ist mit einer Jauchegrube? Strahlt sie auch in hellem Licht?«

Da sprang die Frau auf und schlug Hakuin ins Gesicht. »Dieser alte Mann ist immer noch nicht durchgebrochen!« rief sie.

Hakuin aber brach in schallendes Gelächter aus.

Die Morgenröte der Wahrheit

Seit er neunzehn geworden war, reiste Genrô allenthalben in Japan umher und suchte überall Zenmeister auf. Schließlich dachte er bei sich selbst: »Diese Lehrer sind doch alle gleich. Sie geben ihre Anleitungen nur aufs Geratewohl und verdienen kein Vertrauen. Bleibe ich in so einer Gemeinschaft, vergeude ich nur meine Zeit. Es wäre besser für mich, wenn ich allein in der Wüste lebte und in eindeutiger Ausrichtung meditierte.«

Als Genrô eines Tages die sinkende Sonne betrachtete, seufzte er bei sich selbst: »Jetzt habe ich fünf Jahre damit verbracht, mich Tag und Nacht mit Zen zu beschäftigen. Wenn ich so weitermache, wann werde ich dann jemals den ganzen Weg zurückgelegt haben?«

Genrô setzte sich auf einen Felsblock und versank in tiefe Konzentration. Ohne sich dessen bewußt zu sein, saß er dort die ganze Nacht hindurch. Auch merkte er nicht, daß der Tag anbrach. Aber plötzlich hörte er in der Ferne das Glöckchen eines Tempels. In diesem Augenblick öffnete sich sein Geist, und er erlangte die große Erleuchtung.

Genrô, damals vierundzwanzig Jahre alt, verfaßte zu diesem glücklichen Anlaß ein Gedicht aus dem Stegreif:

Im Morgengrauen öffnet sich das Universum als
  Antwort auf das Tempelglöckchen;
Was das bedeutet, weiß ich nicht,
Und unversehens bläht eine Gelächter-Windsbraut
  meine Wangen.

Ein schöner Samurai!

Seisetsu war schon als Kind ein außergewöhnlicher Mensch. Er verließ noch als Junge sein Heim und wurde Mönch.

Einst stattete der Herr der Provinz auf seinem Weg zur Hauptstadt dem Meister des Tempels einen Besuch ab. Nachdem sich die beiden eine Weile unterhalten hatten, ließ der Meister den kleinen Seisetsu kommen und befahl ihm, statt seiner dem Herrn den Rücken zu klopfen, um ihm die Reisemüdigkeit zu vertreiben. Daraufhin versprach der Herr dem Jungen, er werde ihm, wenn er das nächste Jahr aus der Hauptstadt zurückkomme, ein Zeremoniengewand mitbringen.

Nach Beendigung seines Aufenthalts in der Hauptstadt schaute der Herr, unterwegs zu seiner Burg, wieder bei dem Zenmeister vorbei. Dieser ließ Seisetsu auch diesmal dem Herrn den Rücken klopfen, und der Junge fragte nach dem versprochenen Gewand.

»O, das habe ich total vergessen«, rief der Herr.

»Das ist mir ein schöner Samurai, der ein Ding sagt und

ein anderes tut!« rief da der Junge laut, gab dem Herrn einen Schlag auf den Kopf und lief hinaus.

Der Herr war von den ungewöhnlichen Fähigkeiten des Jungen tief beeindruckt und riet dem Zenmeister, gut auf ihn aufzupassen.

Später lernte Seisetsu bei Gessen und Gasan und wurde im Lauf der Zeit zu einem der gefürchtetsten Zenlehrer im Land.

Einst schaute Seisetsu zu, wie man einen Teil des Klosters, in dem er lehrte, instand setzte. Da trat ein reicher Kaufmann mit hundert Unzen Gold auf ihn zu und sagte, er wolle sie für den Bau stiften. Seisetsu nahm die Gabe wortlos entgegen.

Am nächsten Tag kam der Kaufmann zurück und suchte den Zenmeister wieder auf. Er sagte: »Die Summe, die ich dir gab, war zwar nicht riesengroß, aber für mich bedeutet sie ein großes Opfer. Du jedoch hast kein Wort des Dankes gefunden. Warum nicht?«

Da polterte Seisetsu los: »Weißt du nicht, daß ich den Acker bestelle, auf dem der Segen für dich wächst? Warum sollte ich mich bei dir bedanken?«

Der Kaufmann war bestürzt, entschuldigte sich und dankte dem Zenmeister.

Eisengesicht

Buttsû und Genrô waren in ganz Japan als zwei der grimmigsten Zenmeister des Landes bekannt. So aggressiv waren sie in ihrer Behandlung von Suchern, daß man sie »Genrô der Wolf« und »Buttsû der Tiger« nannte.

Niemand weiß, woher Buttsû kam oder wie er ursprünglich hieß. Manche sagen, er sei einst Krieger in Ostjapan gewesen. Lange Zeit lernte er Zen und vollbrachte schließlich das große Werk. In seinem Gedicht über das Erwachen schrieb er:

Achtzehn Jahre habe ich mich damit befaßt.
Ich kann gar nicht zählen, wie oft ich Macht erlangte,
Ohne aber in Frieden schlafen zu können!
Doch ein Ruf, eine Antwort, und vollständige
Klarheit herrscht:
Ich habe den Bauch voll Zen,
Den ich gelernt hatte,
Ausgespien.

Buttsû hatte ein Gesicht wie aus Eisen, streng und kalt. Er bildete seine Zenschüler mit den härtesten Methoden aus und ließ nicht zu, daß sich persönliche Gefühle in den Prozeß einmischten. Viele Sucher, die zu ihm kamen, hielten das nicht aus und verließen ihn wieder.

In der Nacht, in der er starb, blickte Buttsû umher und fragte: »Soll ich jetzt gehen?« Dann schied er im Meditationssitz aus der Welt, wie vom Schlaf übermannt.

Durchdringung des Zen

Als Inzan neun Jahre alt war, sah ihn ein Zenmeister und merkte sofort, daß das kein gewöhnliches Kind war. Der Zenmeister ging zur Wohnung des Jungen und drängte dessen Eltern, ihn Mönch werden zu lassen.

Die Eltern ließen sich leicht überzeugen. »Er war ohnehin niemals von dieser Welt«, sagten sie und gaben ihre Einwilligung, daß der Junge in einen zenbuddhistischen Orden eintrat.

Mit sechzehn Jahren verließ Inzan den Tempel wieder und suchte einen Lehrer, der ihn zu endgültiger Erleuchtung und Befreiung führen sollte. Zuerst schloß er sich Bankoku an, der eine große Schar Anhänger mit der einzigartigen Methode des seligen Meisters Bankei ausbildete. Drei Jahre später ging er zu Gessen, der wegen seiner harten Methoden berüchtigt war.

Als Inzan bei Gessen anlangte, erklärte ihm der Tempelverwalter, für neue Schüler sei kein Platz mehr. Er solle doch, da er ziemlich jung sei und auch später noch Zeit für intensive Zenpraxis habe, einfach anderswohin gehen und vorläufig an einer Hochschule studieren.

Doch Inzan hatte sich in den Kopf gesetzt, bei Meister Gessen Zen zu lernen. Er bat und flehte sieben Tage lang und schluchzte so heftig, daß er schließlich blutige Tränen weinte. Als der Verwalter sah, wie ernst und aufrichtig es Inzan meinte, erzählte er es Gessen, der sich einverstanden erklärte, den jungen Pilger zu empfangen.

Er fragte Inzan: »Du bittest hartnäckig um die Erlaubnis, hierbleiben zu dürfen. Was willst du hier?«

Inzan antwortete: »Ich bin nur hier, weil die Frage von Leben und Tod so wichtig und die Nichtdauer so flüchtig ist.«

Gessen antwortete: »Hier wird kein großes Aufhebens vom Leben und kein großes Aufhebens vom Tod gemacht. Wodurch konnte bei dir der Eindruck entstehen, daß das Leben schnell vergeht und der Tod nicht lange auf sich warten läßt?«

Inzan sagte: »Genau über dieses Freisein von Leben und Tod habe ich mir immer Gedanken gemacht. Bitte hab Mitleid mit mir.«

Gessen sagte: »Du bist noch jung, eigentlich ein Kind. Wenn du wirklich Zen praktizieren möchtest – kannst du ebensogut gleich damit anfangen.«

So trat Inzan in den Orden ein und lernte Tag und Nacht, ohne nachzulassen.

Zwei Jahre später nahm Inzan als Einundzwanzigjähriger an seiner ersten Sitzung gemeinsamer Intensivmeditation teil. Er hatte das Gefühl, dabei etwas verwirklicht zu haben, und ging zu Gessen, um ihm zu berichten.

Der Meister sah sofort, daß etwas mit Inzan passiert war, und stellte eine Frage: »Ich frage dich nicht über das Ausgesprochene oder das Unausgesprochene. Versuche mir nur Antwort zu geben!«

Inzan stotterte etwas vor sich hin. Gessen erwiderte: »So wie es aussieht, bist du wieder dem intellektuellen Bewußtsein erlegen«, und schickte ihn weg.

Inzan ging wie betäubt in die Meditationsschule zurück und schluchzte und weinte Tag und Nacht. Alle lachten über ihn und nannten ihn verrückt.

Aber eines Nachts, mitten in kontemplativer Versenkung, erkannte Inzan plötzlich, was »kein großes Aufhebens vom Leben und kein großes Aufhebens vom Tod« bedeutete. Er erzählte es Gessen. Dieser bemerkte: »Du hast zwar recht, aber bedenke, daß das nur ein vorläufiger Seitenweg ist. Glaube ja nicht, das genüge schon. Doch wenn du so weitermachst und nicht aufgibst, wirst du eines Tages dein eigenes Leben finden.«

Im Frühling seines sechsundzwanzigsten Lebensjahres verließ Inzan Gessen und ging mit ein paar Gefährten auf Wanderschaft, um die berühmten älteren Zenmeister Kyotos und Westjapans zu besuchen.

Er begegnete den älteren Meistern und befragte sie, um sich zu vergewissern, ob er Zen richtig verstanden habe. Alle diese Meister bewunderten ihn und behandelten ihn sehr freundlich. Keiner spornte ihn an, so daß Inzan zu dem Schluß kam, im ganzen Land gebe es keine erleuchteten Meister mehr.

Er verließ diese Gegenden wieder, gelangte nach Zentraljapan und suchte einen dort lebenden Zenmeister auf. Dieser Meister ernannte ihn zum Abt eines Tempels.

Nun besaß dieser Tempel keine Gönner und weder Felder noch Gärten. Inzan aber lebte dort zufrieden in äußerster Armut und meditierte mehr als zehn Jahre lang.

Eines Tages jedoch kam ein Wandermönch zu dem Tempel und brachte Nachrichten von Zenmeister Gasan, einem berühmten Absolventen der Schule Hakuins. Von ihm hieß es, er habe das erhabenste Weisheitsauge im Land.

Noch am selben Tag packte Inzan seinen Ranzen und ging nach Edo, wo Gasan vor einem Publikum von über sechshundert Zuhörern Vorträge über den »Blaues-Kliff-Bericht« hielt.

Kaum angekommen, begab sich Inzan direkt zu Gasan. Der große Meister streckte die Hand aus und fragte: »Warum nennt man das eine Hand?« Bevor Inzan antworten konnte, streckte Gasan einen Fuß vor und fragte: »Warum nennt man das einen Fuß?« Als Inzan etwas zu sagen versuchte, klatschte der große Meister Gasan in die Hände und brach in Gelächter aus. Verwirrt zog sich Inzan zurück.

Am nächsten Tag ging er wieder zu Gasan. Der große Meister sprach zu ihm: »Die Menschen, die heute Zen praktizieren, drängeln sich keck durch die undurchdringlichen Koans der Alten, ohne je wirklich gearbeitet zu haben. Sie bringen die Koans in Verse, zitieren sie, fügen noch Sätze hinzu und geben maßgeschneiderte Antworten. Das geht bei ihnen alles wie geschmiert. Sie reden einfach so daher.

Deshalb verlieren viele von ihnen den Geist des Weges wieder, wenn sie Äbte werden. Und selbst wenn sie keine Probleme bekommen, werden sie niemals echte Lehrer. Es ist ein Jammer.

Wenn du wirklich Zen praktizieren willst, mußt du alles, was du bis jetzt gelernt und verwirklicht hast, von dir werfen und in unbeirrbarer Ausrichtung Erleuchtung suchen.«

Mit diesen Worten gab Gasan Inzan ein auf dessen Problem genau zugeschnittenes Koan für Fortgeschrittene, über das er meditieren sollte.

Inzan zog sich in ein Heiligtum der Gegend zur Meditation zurück und ließ sich nur bei Tagesanbruch und Mittag sehen, um Hafersuppe und Reis zu sich zu nehmen. Nach mehreren auf diese Weise verbrachten Tagen verstand er eines Morgens plötzlich den Sinn des Koans.

Schnell eilte er zu Gasan zurück und legte ihm seine Einsicht dar. Der große Meister war sehr erfreut. Ab jetzt traf Inzan Gasan jeden Tag, studierte gründlich die schwierigsten Geschichten und drang zu den innersten Geheimnissen des Zen vor. Er war damals neununddreißig Jahre alt.

Später wurde Inzan ein großer Zenlehrer in eigener Verantwortung.

Sein Ruhm erscholl durchs ganze Land. Er hatte zahlreiche vorzügliche Schüler und hinterließ ein reiches spirituelles Erbe. Nach seinem Tod im Alter von vierundsechzig Jahren verlieh ihm der Kaiserhof die Ehrentitel »Zenlehrer«, »Lampe der Wahrheit«, »Licht der Nation«.

Zufriedenheit

Als Neunjähriger verließ Kansan sein Heim. Er verfügte über einen glänzenden Verstand und studierte die buddhistischen und konfuzianischen Klassiker. Erweckt durch eines dieser Bücher, widmete sich Kansan für einige Zeit der Theorie und Praxis des esoterischen Buddhismus in Westjapan. Später ging er in die Hauptstadt Edo, wo er den umfangreichen buddhistischen Kanon durchlas.

Nach fast zwei Jahrzehnten dieser Studien begab sich Kansan schließlich zu einem Zenlehrer. Gut geübt in buddhistischer Praxis, meisterte er die Zenlehren in zwei Jahren intensiver Arbeit.

Hierauf wurde er abgeordnet, das Amt des Abtes in einem Tempel Südjapans zu übernehmen. Bei seiner Ankunft sah er, daß Trinken und Zechen in dieser Gegend so verbreitet waren, daß sogar der Tempel Besucher mit Wein zu bewirten pflegte, als wäre es eine Schenke.

An dem Tag, an dem Kansan offiziell die Abtswürde in diesem Tempel übernahm, zerschlug er jeden Weinkrug, jeden Aschenbecher und jedes Serviertischchen. Seitdem wurde Gästen nur noch eine Tasse schlichter Tee gereicht.

Drei Jahre danach zog sich Kansan zurück. Er verschwand in den Bergen und brachte über der Tür seiner Hütte ein Schild an, auf dem stand: »Zufrieden«.

Der Klang einer Hand, die sich in die Hand klatscht

Als junger Mann hörte Taigen, der große Zenmeister Inzan sei nicht nur ein erleuchteter Buddhist, sondern auch ein ausgewiesener Fachmann in altchinesischer Geschichte. Er begab sich direkt zu des Zenmeisters Wohnung in der zentraljapanischen Provinz und bat um die Erlaubnis, Zen bei ihm studieren und seine Vorträge über einen Klassiker anhören zu dürfen.

Inzan sagte zu Taigen: »Erst wenn du den Klang einer Hand, die sich in die Hand klatscht, vernimmst, werde ich dir einen Vortrag über Geschichte halten.«

Da geriet Taigen in große Aufregung. Er versenkte sich in tiefe Meditation, um dem Geheimnis der Hand, die sich in die Hand klatscht, auf die Spur zu kommen. Um seine Konzentration zu fördern, setzte er sich oft in ein tiefes Faß. Manchmal stieg er auch in die hohen Berge hinter seiner Hütte und setzte sich auf einen Felsblock. Mitunter saß er bis Tagesanbruch und merkte gar nicht, daß eine ganze Nacht verstrichen war.

Er wohnte dabei in einer Einsiedelei, ein paar Meilen von Inzans Aufenthaltsort entfernt. Trotzdem pflegte er den Meister jeden Tag aufzusuchen, um sich Anleitung zu holen, selbst wenn die Straße mehrere Fuß hoch zugeschneit war. Häufig brach er im tiefen Schnee auf dem Weg zusammen, von der Kälte gefällt, und mußte von Leuten aus dem Dorf gerettet werden.

Als Inzan in einen anderen Tempel überwechselte, folgte ihm Taigen, um seine Lehrjahre fortzusetzen. Eines Nachts, nachdem ihm der Meister noch viele schwere Prüfungen auferlegt hatte, erlangte Taigen endlich die große Erleuchtung.

Liebhaber der Natur

Es war einmal ein großer Herr, der Chrysanthemen über alles liebte. Den ganzen Garten seines Palastes hatte er damit bepflanzt und verwendete viel Zeit und Mühe auf ihre Pflege.

Tatsächlich widmete er sich mehr seinen Chrysanthemen als seiner Frau und seinen Nebenfrauen. Seine Diener wurden hart bestraft, wenn sie aus Versehen eine Blüte abknickten.

Kurz, die Leidenschaft des Herrn für Chrysanthemen machte jedermann in seiner Umgebung das Leben zur Last.

Als wieder einmal ein Diener zufällig eine Blüte abbrach, ließ ihn der Herr wutentbrannt ins Gefängnis werfen. Erzürnt wegen dieser Behandlung entschloß sich der Diener, sich aus Protest zu entleiben, wie es dem traditionellen Kriegerbrauch entsprach.

Nun trug es sich zu, daß Zenmeister Sengai davon erfuhr und eilig herbeikam, um einzugreifen. Er hinderte den Diener daran, wegen einer solchen Lappalie Selbstmord zu begehen.

Aber nicht zufrieden mit einer vorübergehenden Lösung, entschloß er sich, das Problem endgültig aus der Welt zu schaffen. In einer regnerischen Nacht, als die Chrysanthemen in voller Blüte standen, schlich sich Sengai mit einer Sichel in den Garten des Herrn und schnitt alle Chrysanthemen ab.

Der Herr, an dessen Ohr sonderbare Geräusche aus dem Garten drangen, schaute hinaus und sah jemanden dort. Er stürzte mit gezücktem Schwert heraus und rief Sengai zu: »Was machst du da?«

Der Zenmeister antwortete ruhig: »Auch Unkraut wie dieses schießt auf, wenn es nicht geschnitten wird.«

Da erkannte der Herr, in welchem Irrtum er sich befunden hatte. Es war wie das Erwachen aus einem Traum. Von da an züchtete er keine Chrysanthemen mehr.

Ein reines Herz

Yamamoto Yasuo war gelehrter Spezialist für altjapanische Literatur und japanische Dichtung. Den Niedergang des Kaiserkults beklagend, schrieb er ein Buch mit dem Titel »Die Realität der Götter« und entleibte sich aus Protest selbst.

Er war ein reicher Mann von hohem Rang gewesen und hinterließ bei seinem Tod fünf Kinder: vier Söhne und eine Tochter.

Sein ältester Sohn, ein selbständig denkender junger Mann, legte keinen Wert auf das Erbe aus dem Familienvermögen. Er gab alles auf, verließ sein Heim, um Zen zu studieren, und änderte seinen Namen in »Großer Narr«.

Im Alter von zweiundzwanzig begab sich der junge Bettelmönch auf Wanderschaft und suchte nach einem Lehrer. Er fand auch einen, der ihn anleitete, und nach einigen Jahren intensiver Arbeit hatte er die Lehre gemeistert.

Hierauf wanderte er wieder und begab sich auf seiner Suche nach größerer Erleuchtung zu Zenmeistern überall im Land. Erst nach über zwanzig Jahren kehrte er in seine Heimatprovinz zurück, wo er sich eine Hütte baute. Er war so arm, daß er ein Flickengewand trug, von Hafersuppe lebte und nichts besaß außer einer einzigen Schale, die er für alles verwendete: Er rieb Bohnenbrei, kochte Hafersuppe und wusch sich Hände und Füße darin.

Er war ein Zenmeister, der sehr gern mit Kindern spielte. Wo er ging und stand, sammelte er eine Schar um sich und spielte Fußball mit ihnen oder Verstecken. Als der Meister wieder einmal Verstecken mit ihnen spielte, gingen die Kinder nach Hause und ließen ihn einfach stehen. Er blieb mit geschlossenen Augen bis Einbruch der Nacht an Ort und Stelle. Als ihn jemand fragte, was er da mache, antwortete er, er spiele Verstecken mit den Kindern und warte darauf, daß eines ihn finde. Er hatte nicht einmal bemerkt, daß sie ihren Spaß mit ihm trieben.

Einst fragte ihn jemand, weshalb er so gerne mit Kindern spiele. Der Meister sagte: »Ich liebe ihre Ursprünglichkeit und ihren Mangel an Falschheit.« Da er ein berühmter Kalligraph war, bat man ihn oft, Briefe zu schreiben. Aber er lehnte ab, wenn er das Gefühl hatte, der Auftrag sei seiner unwürdig. Doch wenn ihn Kinder baten, etwas zu schreiben, war er immer glücklich, den Pinsel zur Hand nehmen zu können.

Er pflegte zu sagen: »Drei Dinge gibt es, die ich verabscheue:

Die Gedichte der Dichter, die Schriften der Schreiber und die Küche der Köche.«

Der erste Stein

Einmal wurde Zenmeister Dairyo zu einem Fest im Haus eines reichen Gutsbesitzers geladen. Auch viele andere buddhistische Mönche waren da.

Ein Diener beschloß, den Mönchen einen Streich zu spielen. Allen wurde Fisch serviert, den buddhistische Mönche und Nonnen nicht essen dürfen.

Aber sämtliche Mönche auf dem Fest enthielten sich des Fisches, ausgenommen Zenmeister Dairyo selbst, der alles aufaß, als wüßte er nicht, was es sei.

Da zupfte ihn einer der Mönche heimlich am Ärmel und flüsterte ihm zu: »Das ist doch Fisch!«

Dairyo schaute ihm in die Augen und entgegnete: »Woher weißt du denn, was Fisch ist?«

Realität und Imitation

Zôbô betrieb so lange literarische Studien, bis ihm jemand erklärte, das sei nicht der Weg zur letzten Wahrheit. Da ging er zu einem Zenmeister und lernte, über die Leere zu kontemplieren.

Zôbô übte sehr lange und hatte die Verwirklichung immer noch nicht erreicht. Es kam schließlich soweit, daß er völlig in der Konzentration versank und zu essen und zu schlafen vergaß.

Als er eines Nachts schweigend dasaß, fiel er, ohne es zu wollen, erschöpft in Schlaf. Sein Zenlehrer aber schlug ihn und weckte ihn auf. In diesem Augenblick erlangte er die Erleuchtung.

Zu dieser Zeit war Zôbô dreiundzwanzig Jahre alt. Sein Lehrer war streng und geizte mit Lob. Zôbô betrieb noch mehr als zehn Jahre lang intensive Studien bei ihm und vollbrachte endlich das große Werk.

Als Lehrer in eigener Verantwortung war Zôbô unbeirrbar. Ohne sich um Konventionen zu kümmern, widmete er sich ausschließlich dem Zenunterricht. Er beklagte den Niedergang der Zenschulen sehr und tadelte Zenmeister, die den Zen nur imitierten, scharf, ebenso unwissende Zenjünger.

Kompromißlos verhielt er sich auch beim Privatunterricht. Oberflächlichkeit im Verstehen ließ er niemals durchgehen. Viele Sucher traten in seine Schule ein, doch sehr wenige durchliefen sie ganz.

Kaum sechzig Jahre alt, starb Zôbô im Jahre 1840. Auf der Schwelle des Todes schrieb er sein letztes Gedicht:

> Zôbô mit sechzig! So steht's mit mir:
> Wo acht Wolken stehen, pisse ich an den Himmel.
> Ein Wunder, und ein Jammer,
> Daß ich nicht alle Zenimitation auf der Welt töten
> konnte.

Respekt

Fûgai probierte es bei mehr als zehn Zenmeistern. Doch sein eigener Verstand war so scharf und frei, daß ihm keiner das Wasser reichen konnte. Endlich begegnete er dem gefürchteten »Genrô der Wolf« und erlangte bei einem einzigen Ausspruch des großen Zenmeisters die große Erleuchtung. Nachdem er Meister in den inneren Lehren geworden war, verließ er Genrô wieder und verschwand in der Anonymität, um seine spirituelle Entwicklung zur Reife zu bringen.

Unter Fûgais Nachfolgern befand sich Tanzan, einer der hervorragendsten Meister der beginnenden Moderne. Auch er war von ungewöhnlich scharfem Verstand und hatte schon in seiner Jugend viele Zenprediger seiner Zeit ausprobiert, bis er endlich Meister Fûgai traf.

Anders als sein Lehrer Genrô war Zenmeister Fûgai nach außen hin herzlich und milde. Im Gegensatz dazu war Tanzan kräftig und männlich, dem Temperament nach eher seinem geistigen Großvater Genrô ähnlich. Als Tanzan Fûgai zum ersten Mal begegnete, mißverstand er die Sanftmut des Meisters als Schwäche und verachtete ihn insgeheim. Fûgai erkannte das bald und stellte Tanzan unversehens eine derart durchdringende Frage, daß Tanzan der Schweiß ausbrach und er nicht mehr ein noch aus wußte. Jetzt respektierte er Fûgais unaufdringliche Meisterschaft und wurde sein treuer Schüler.

Einmal sah Tanzan ein von Fûgai gemaltes Tigerbild. Er bemerkte: »Dieser Tiger ist wie eine sanfte Katze, und trotzdem besitzt er eine ganz eigene, unverletzliche Majestät!«

Ausloten der Quelle

Schon als Kind strebte Kokan danach, weltliche Konflikte und Verstrickungen zu vermeiden. Er war gerade sieben, als er die Heimat verließ, um sich buddhistischen Orden anzuschließen. Der große Zenmeister und Hakuinschüler Tôrei weihte ihn ein und übermittelte ihm die Ordensregeln. Innerhalb einiger Monate erlernte Kokan das Rezitieren von heiligen Schriften, Zengedichten und überlieferten Aussprüchen alter Meister.

Den Neunjährigen wies sein Mentor an, seinen Eltern einen Höflichkeitsbesuch abzustatten. Kokan wanderte allein auf einem Pfad durchs Gebirge, glitt aus und fiel in den durch die Schlucht strömenden Fluß.

Völlig durchnäßt zog er sein Gewand aus, legte es zum Trocknen neben den Pfad, setzte sich splitternackt auf einen Felsen und wartete, bis das Gewand trocken war. Nicht lange, und er schlief vor Erschöpfung ein.

Da sah ein vorbeikommender Holzfäller den schlafenden Jungen und weckte ihn. »Du bist ein wandernder Mönch, nicht wahr?« fragte er. »Warum bist du nackt?«

Der junge Kokan erzählte dem Holzfäller, was passiert war.

Dieser sagte: »Es wird bald Nacht. Heute kommst du doch nicht mehr ans Ziel. Geh besser zurück bis zum nächsten Dorf. Ich begleite dich.«

Kokan aber lachte: »Wenn ich ein Mann werden will, wie könnte ich da, nachdem ich schon so weit gekommen bin, umkehren?« Er stand auf, zog sein Kleid an und stapfte davon. Um Mitternacht kam er zuhause an. Seine Eltern waren sehr überrascht, aber sie faßten sich schnell und sagten: »Dein Lehrer hat Nerven! Läßt er dich die Reise ganz allein machen! Gut, daß du das Zeug dazu hattest.«

Als Kokan zwanzig war, schickte ihn Tôrei zum Zenmeister Gasan. Gasan trug Kokan auf, zu hören, wie es klingt, wenn sich eine Hand in die Hand klatscht.

Kokan machte sich an die Arbeit und sann über das Klatschen der einen Hand nach. Sein konzentriertes Zweifeln und Fragen waren dermaßen stark, daß es ihm vorkam, als schleppe er eine schwere Last auf einen steilen Berg hinauf.

Es war mitten im Winter und eiskalt. Da Kokan nur ein einziges Gewand besaß, hatte Gasan Mitleid mit ihm und bat einen der Laiengönner, ihm einen gefütterten Mantel zu schenken. Kokan nahm ihn höflich an, trug ihn aber nicht.

Auch für die vielen Sehenswürdigkeiten der östlichen Hauptstadt interessierte sich Kokan nicht, und er weigerte sich, mit den anderen Mönchen auf Besichtigungs-Tour zu gehen. »Solange ich mich selbst noch nicht gemeistert habe«, äußerte er, »ist keine Zeit für Besichtigungs-Touren.«

Als er eines Tages meditierend den Innenhof umschritt, hatte er plötzlich eine große Erleuchtung.

Er erzählte Gasan, was er erlebt hatte, und der ältere Meister prüfte ihn mit verschiedenen Koans. Doch stellte sich heraus, daß noch Widerstände in Kokan steckten. Gasan sagte: »Dein Eintritt in die Erleuchtung war zwar von Ekstase begleitet. Trotzdem solltest du die ursprüngliche Quelle des Klatschens mit einer Hand noch in allen Einzelheiten erforschen.«

Jetzt vervollkommnete Kokan seine Praxis und bündelte seine Energien. Er hatte Gasan einmal gefragt, bei wem er nach dessen Tod seine Zenstudien fortsetzen könnte, und der alte Meister hatte ihm Inzan empfohlen. Kokan begab sich nun zu Inzan und arbeitete intensiv an einer noch größeren Verfeinerung seiner Methoden.

Nach langer Zeit war er Meister über alle inneren Geheimnisse des Zen geworden und vollendete das große Werk. Inzan bescheinigte ihm formell die Meisterschaft und schickte ihn fort, sich eine Einsiedelei zu suchen. Dort verbrachte Kokan sechzehn Jahre in Armut und vervollkommnete seine Zenpraxis.

In dieser Periode hatte er häufig Erlebnisse des Erwachens. Als er erst einmal tief in die ursprüngliche Quelle all dieser Dinge eingedrungen war, erkannte er, daß in der Schule Hakuins noch höhere mystische Erfahrungen gemacht werden konnten, und erlangte ungewöhnliche Freiheit in seiner alltäglichen Praxis. Danach lehrte er die Menschen je nach ihren Möglichkeiten, und viele zogen Nutzen aus seinen Ratschlägen.

Wie Hakuin, Gasan und andere große Zenmeister lehnte Kokan die Würde des Abtes in einem größeren Kloster ab und arbeitete lieber unauffällig mit echten Suchern. Auch ließ er einmal ein größeres Goldgeschenk, das ihm ein Feudalherr machte, zurückgehen. Er habe nicht solange Zen praktiziert, um irgendwelchen Lohn dafür zu erhalten, meinte er.

Ein Jahr zog ins Land, in dem es Mißernten in den zentralen Küstenprovinzen gab und Hungersnot bei den Bauern herrschte. Kokan kochte für Leute, die vor dem Hungertod flüchteten und an der Straße bettelten, Hafersuppe. Es heißt, er habe auf diese Weise sehr vielen Menschen geholfen.

Als Kokan den Tod nahen fühlte, bat ihn sein bester Schüler um ein letztes Gedicht. Er aber schimpfte nur: »Mein letztes Gedicht füllt das All! Warum sich mit Feder und Papier abmühen!«

Der Schüler entgegnete: »Das mag schon sein. Aber bitte gib uns noch einen anderen Ausspruch, eine Äußerung von noch größerer Fülle für künftige Generationen!«

Da lachte Kokan und schrieb:

Vierundsiebzig Jahre lang
Nach Westen Schläge austeilen,
Nach Osten Schläge austeilen.
Das letzte Wort?
Sch, sch, sch!

Kokan führte seine Schüler, indem er ihnen auftrug, »die ursprüngliche Quelle des Klatschens mit einer Hand« zu finden. Er war ein strenger Zenlehrer und gab nur selten eine Bestätigung. Als er 1843 starb, hinterließ er nur einige wenige Nachfolger, die sein Werk fortsetzen konnten.

Dreierlei Bettelmönche

Gettan pflegte zu sagen: »Es gibt dreierlei Bettelmönche. Erstens die Lehrer, zweitens die Verwalter der Heiligtümer und drittens die Reisbeutler und Langgewandler. Echte Nachfolger des Zengründers sollten mit größter Pünktlichkeit ihr Heiligtum versorgen und andere lehren, um die lebendige Weisheit der Buddhas fortzusetzen. Aber alle Reisbeutler und Langgewandler sind Verbrecher am Buddhismus!«

Selbsterforschung

Mitte des 13. Jahrhunderts ging Kakushin nach China, um dort Zen zu studieren. Er traf auf einen berühmten Zenmeister, der ihn fragte: »Wie heißt du?«

Kakushin stellte sich vor.

Dem Meister fiel auf, daß der Name Kakushin »Erwekkung des Geistes« oder »Erwecke den Geist« bedeutet, und so schrieb er einen Vers für den Pilger:

Geist ist Buddha
Buddha ist Geist.
Geist und Buddha:
So seiend, sind sie
Durch alle Zeiten.

Nach Kakushins Rückkehr nach Japan hörte Kaiser Kameyama von seiner Zen-Meisterschaft und holte ihn als Lehrer in einen der Kaisertempel. Der Kaiser lud ihn auch in seinen Palast, um ihn dort über Zen zu befragen.

Des Meisters tiefsinnige Worte, seine ungeheure Intelligenz und ungehindert strömende Rede machten den denkbar größten Eindruck auf Kaiser Kameyama.

Der Herrscher erkannte die außergewöhnlichen Eigenschaften des Zenbuddhismus und verwandelte in der Folge die kaiserliche Residenz in ein Zenheiligtum.

Auch der nächste Kaiser, Go-Uta, lud Kakushin zu einem Lehrvortrag über Zen in seine kaiserliche Villa. Der Meister sagte: »Die Buddhas verstehen den Geist, normale Menschen verstehen ihn nicht. Der Ursprung aller Buddhas ist einer. Das Reich des Unverständnisses und das des Verständnisses unterscheiden sich voneinander. Ohne dich auf eine fremde Kraft verlassen zu müssen, kannst du durch eine eigene innere Anlage erkennen. Willst du zur Buddhaschaft gelangen, mußt du in dich selbst hineinschauen.«

Nicht abgelenkt

Utame war erst fünfzehn Jahre alt, als sie zum erstenmal Belehrung von einer erleuchteten Zen-Nonne erhielt, die ihr zeigte, wie man ins innerste Selbst blickt.

Utame verbrachte Tag und Nacht in tiefer Meditation und achtete auf nichts anderes. Sogar wenn sie vor dem Spiegel stand und sich schön machte, blickte sie innerlich ins Wesen des Geistes. Manchmal war sie so in sich versunken, daß sie alles um sich her vergaß und einfach still dasaß.

Ihre Eltern aber, die sich das seltsame Verhalten ihrer Tochter nicht erklären konnten, vermuteten, sie leide unter Depressionen oder stehe kurz vor einem Nervenzusammenbruch. Sie ermunterten sie, ins Theater zu gehen oder Ausflüge an schöne Orte zu machen. Doch Utame hatte kein Interesse an solchen Zerstreuungen.

Eines Tages wurden ihre Bemühungen von Erfolg gekrönt, und der Geist der jungen Frau öffnete sich der großen Erleuchtung.

Später heiratete Utame und schenkte vier Kindern, zwei Söhnen und zwei Töchtern, das Leben. Ihr Mann machte unglücklicherweise Bankrott, so daß Utame Näharbeiten übernehmen mußte, um zum Lebensunterhalt der Familie beizutragen. Sie wurde mehr als siebzig Jahre alt und schied eines Tages im Zustand ruhiger Heiterkeit aus dem Leben.

Ein Raufbold wird geschlagen

Als Nachkomme eines berühmten Kriegers war Butsugai von großer Wildheit und Kühnheit. Er trat zwar schon buddhistischen Orden bei, als er erst zwölf Jahre alt war, zeichnete sich aber im Bogenschießen, Reiten und allen anderen überlieferten Kriegskünsten aus. Ungeheuer stark, konnte er fast in alles, was er wollte, mit der bloßen Hand ein Loch schlagen. Wegen seiner Körperkraft nannte man ihn den »Mönch mit der schlagenden Hand«.

Mitte des 19. Jahrhunderts wurde Japan von Bürgerkriegen heimgesucht. Es zog damals eine Kriegerbande, sich die »Neue Elite« nennend, nach Kyoto, in der Hoffnung, die alte Staatsordnung umstürzen zu können. Gewalttätig und zügellos, wurde diese Rotte zum Schrecken der Bürger.

Eines Tages wanderte Butsugai in Kyoto durch die Straßen, als er an dem Haus vorüberkam, wo die »Neue Elite« einquartiert war. Das Geräusch aufeinandertreffender Bambusschwerter drang an sein Ohr, weshalb er an ein Fenster trat und hindurchschaute.

In diesem Moment kamen ein paar Soldaten heraus und fragten Butsugai barsch, was er hier wolle. Er entschuldigte sich und sagte, er sei nur ein Mönch und gerade aus den Bergen in der Stadt eingetroffen. Den Soldaten kam nun der Einfall, sich einen Spaß mit diesem Mönch zu machen. Sie forderten ihn zum Zweikampf heraus. »Wer uns hier ausspäht«, sagten sie, »versteht sicher auch etwas von der Kunst des Kriegers.«

Butsugai konnte schlecht nein sagen. Er ging mit den Soldaten in den Übungsraum, wo diese, einer nach dem andern, mit gezücktem Bambusschwert auf den Mönch in Lumpen eindrangen.

Ohne das leiseste Anzeichen von Erregung aber zerschmetterte Butsugai mit seinem eisernen Zeremonienstab jedes Schwert, das nach ihm geschwungen wurde. In wenigen Minuten hatte er mehrere Dutzend Krieger besiegt.

Da ergriff der Führer der Horde einen Speer und sprang einen Schritt vor. »Dein Können ist zu groß für diese jungen Ritter«, rief er Butsugai zu. »Aber jetzt fordere ich, Kondô Isamu, dich zum Kampf!«

Butsugai gab sich den Anschein, von Furcht überwältigt zu sein. Er fiel in einer Gebärde äußerster Demut auf die Knie und sagte: »Kondô Isamu! Ich habe von dir gehört! Man nennt dich ein Genie der Fechtkunst. Ein Wandermönch wie ich kann kaum hoffen, einem Mann wie dir standzuhalten. Bitte laß mich laufen!«

Das machte den Krieger aber nur noch kühner und erst recht nicht geneigt, die Herausforderung zurückzunehmen. Er drang auf Butsugai ein, bis dieser den Kampf nicht länger vermeiden konnte, seinen Eisenstab ergriff und sich dem Rottenführer gegenüberstellte.

Da sagte Kondô zu Butsugai: »Du brauchst eine Waffe. Nimm ein Bambusschwert, einen Holzspeer oder was immer du willst.«

Butsugai entgegnete: »Für einen buddhistischen Mönch ziemt es sich nicht, eine Waffe in die Hand zu nehmen. Mein Zeremonienstab genügt mir.«

Aber der Krieger war nicht einverstanden und bestand darauf, Butsugai müsse mit einer Waffe kämpfen.

Nie um einen guten Einfall verlegen, griff da der Zenmönch in seinen Beutel und zog ein Paar Holzschalen heraus. Eine in jede Hand nehmend, sagte er zu dem Krieger: »Gut, los jetzt! Versuche mich mit deinem Speer zu treffen, wenn du kannst!«

Diese Frechheit versetzte den Rottenführer in Weißglut. Er war entschlossen, den Mönch mit einem einzigen Stoß niederzustrecken. Fest packte er seinen Speer und spähte nach einer Lücke in der ungewöhnlichen Verteidigung des Mönchs.

Bewegungslos und ohne zu blinzeln stand er fast eine halbe Stunde so da, ohne eine Möglichkeit zum Angriff zu finden. Dann aber glaubte er offenbar, eine Lücke entdeckt zu haben, denn auf einmal stieß er mit aller Wucht und Wut zu, um dem Mönch die Brust zu durchbohren.

Behend wich Butsugai dem Angriff aus, klemmte den Speer zwischen die zwei Schalen in seiner Hand und hielt ihn dort wie in einem Schraubstock fest.

Trotz aller Anstrengung vermochte der Hauptmann seinen Speer nicht aus der Umklammerung zu lösen. Er zog und drückte, vor und zurück, bis ihm der Schweiß ausbrach.

Eine gute Weile ging das so fort, bis Butsugai mit einem gellenden Schrei den Speer plötzlich losließ. Der Krieger taumelte zurück, und sein Speer flog zwanzig oder dreißig Fuß hinter ihm auf die Erde.

Auf seinen Platz verwiesen und gedemütigt, verneigte sich der Hauptmann vor Butsugai und sagte: »Dein Können ist fürwahr außergewöhnlich und übertrifft das meine. Wer bist du?«

»Ich bin ein Wandermönch namens Butsugai«, erwiderte der Zenbuddhist.

»So bist du der berühmte ›Mönch mit der schlagenden Hand‹!« rief der Hauptmann und begegnete fortan seinem früheren Gegner mit größtem Respekt.

Nach diesem Ereignis war der Name Butsugai in der alten Hauptstadt in aller Munde.

Als Butsugai seine Zenstudien beendet hatte, zog er sich in die Einsamkeit zurück, um seine Erleuchtung zur Reife zu bringen.

Doch nicht lange, und die Leute, die von ihm gehört hatten, kamen in Scharen, um entweder Zen oder die Kriegskünste bei ihm zu erlernen.

Auch ein später berühmter Schwertkämpfer, damals noch ein junger Mann, bereiste die Welt, um die Kriegskünste zu erlernen, und traf Butsugai. Der junge Samurai bat ihn um Unterweisung. Butsugai fragte ihn: »Warum bist du hierhergekommen?«

Der junge Mann gab zur Antwort: »Ich bin hierhergekommen, um unter den Fäusten meines Lehrers zu sterben.«

Butsugai gefiel diese Antwort, und er behielt den jungen Schwertkämpfer eine Weile bei sich. Er schenkte ihm ein Gedicht, welches lautete:

> Sogar die Kraft der heulenden Geister –
> nur das dünne Gewebe eines Moskitonetzes!

Der Schwertkämpfer erzählte später, als er in ganz Westjapan berühmt geworden war, er habe durch Meditation über diesen Vers das innere Verständnis des verborgenen Wesens des Jiujitsu, der »sanften Kunst«, erlangt.

Butsugai wurde so berühmt, daß viele der großen Feudalherren Westjapans ihn zu sich einluden und ihm ihre schönsten Tempel zum Aufenthalt anboten. Doch Butsugai verweigerte sich ihnen allen. Er blieb bis zu seinem Tod in einem ärmlichen Tempel, trug nur alte Kleider und lebte mit dem Nötigsten zufrieden. Niemals verlangte er etwas darüber hinaus.

Der Geist der Weisen

Im Jahre 1262 stattete Hôjô Tokiyori, der Regent des Shôgun, Zenmeister Funei einen Besuch ab. Er erklärte: »Jüngst habe ich wahrgenommen, was weder nicht dauert noch dauert.«

Der Zenmeister versetzte: »Das Studium des Zen hat nur die Wahrnehmung des Wesentlichen zum Ziel. Wenn du die Wahrnehmung des Wesentlichen erlangst, verstehst du alles.«

Der Regent bat: »Bitte zeige mir die Methode, die dorthin führt.«

Der Zenmeister antwortete: »Es gibt nicht zwei Wege auf der Welt, und die Weisen haben nicht zweierlei Geist. Erkennst du den Geist der Weisen, wirst du entdecken, daß er das dir innewohnende Wesen ist, der Ursprung deines eigenen Selbstes.«

Die Kunst der Kunst

Zenmeister Tetsuô war so berühmt für seine Pinselmalereien, daß viele Menschen zu ihm kamen, um Kunst bei ihm zu studieren. Seinen Studenten pflegte er zu sagen: »Folgenden Ausspruch müßt ihr gut im Gedächtnis behalten: ›Willst du von Menschen unabhängig werden, laß nicht zu, daß Lob und Tadel dein Herz verwirren.‹ Wenn ihr eure Kunst so betreiben könnt, daß kein weltliches Gefühl in euch zurückbleibt, werden Bewußtsein und Technik ganz natürlich reifen, und ihr werdet schließlich auch die subtileren Dinge meistern. Das ist der Weg aus der Dunkelheit zum Licht.«

Einmal besuchte ein hervorragender konfuzianischer Gelehrter und Staatsmann Tetsuô. Er beobachtete den Zenmeister beim Malen und bemerkte, daß jede Bewegung von Arm und Pinsel des Meisters sich im Einklang mit den klassischen Grundsätzen der Kalligraphie befand.

Er sprach den Zenmeister darauf an, und dieser erklärte: »Im richtigen Bewußtsein sind Kalligraphie und Malen eins. Wenn ich ein Bild male, und auch nur ein Bambusrohr oder ein Baumblatt sich nicht ganz an der Stelle befindet, wo es sein sollte, zerreiße ich alles wieder und werfe es weg. Dann lege ich meinen Pinsel beiseite, setze mich ruhig hin und kläre mein Bewußtsein.«

Zenliteratur

Kaigan setzte sich Mitte des 19. Jahrhunderts sehr für das seit langem vernachlässigte Studium buddhistischer und Zenliteratur ein. Viele hielten ihn lediglich für einen Gelehrten und wußten nicht, daß er zugleich ein erleuchteter Zenmeister war.

Zuerst studierte Kaigan die buddhistischen Schriften bei dem großen Zenmeister Sengai. Später erlernte er Zenmeditation bei den Meistern Seisetsu und Tankai. Bei Tankai schloß er auch seine Zenstudien ab und wurde als Nachfolger bestätigt.

Einst ging Kaigan nach Kyoto, um an den Ausbildungsstätten der anderen buddhistischen Schulen zu studieren. Betroffen durch das, was er dort vorfand, schrieb er:

> An der Brücke der Fünften Straße
> Wende ich mein Haupt und blicke in die Runde.
> Im Osten, Westen, Süden und Norden:
> Überall unwissende Mönche.

Später äußerte Zenmeister Dokuon: »Die Menschen damals hielten Kaigan für umfassend gebildet und mit einem vorzüglichen Gedächtnis ausgestattet. Und damit hatten sie auch recht.«

Aber er hatte außerdem drei Zenlehrer gehabt und die innersten Geheimnisse des Zen entdeckt, wobei er schließlich das Siegel der Bestätigung durch Zenmeister Tankai empfing. Die Leute damals dachten, Kaigan sei ein Lehrer des orthodoxen Buddhismus. Doch die Wirklichkeit sah anders aus.

Worum sich Kaigan vor allem Sorgen machte, war, daß viele Zenjünger intellektuell so unbeweglich waren und nur wenige die Grundprinzipien der Lehre verstanden. Aus diesem Grund konzentrierte er sich auf Vorträge über Zenliteratur, um junge Sucher zunächst zu fördern und anzuleiten.

Kaigans Bestreben ging dahin, die Menschen in einer flachen Zeit vor dem Niedergang zu bewahren. Er hatte keine Zeit, sich für irgendetwas anderes einzusetzen. Das ist es, was seine Größe ausmachte.«

Eleganz

Zenmeister Tetsuô schrieb folgende Worte auf seinen Kaminschirm:

»Sei aufrichtig und ehrlich. Sei dir der Grundgesetze der Natur bewußt, voll Mitgefühl und Großmut anderen gegenüber, frei von Gier und stets zufrieden. Führe deine alltäglichen Pflichten korrekt und fehlerlos aus. Kümmere dich um die Dinge, ohne dich an sie zu binden.

Frei zu sein von den gewöhnlichen weltlichen Empfindungen nennt man die ›Eleganz der Alten‹. Aber diese Eigenschaft fehlt den fortschrittsgläubigen Menschen der Gegenwart. Deshalb schließe ich meine Tür und lasse keine Besucher herein.

Ich habe keinen besonderen Ruf, noch begehre ich einen erhabenen Namen. Um so leben zu können, wie ich will, spiele ich den Unfähigen. Ich möchte nur erfüllen, was die Natur vorgegeben hat. Ich bin niemandes Lehrer. Leute, die von mir zu lernen versuchen, sind verrückt. Sie studieren nur meine Verrücktheit und nicht mein Herz.«

Entschlußkraft

Schon mit zehn Jahren wurde Settan Mönch. Eines Tages beschloß er, auf Wanderschaft zu gehen, um einen echten Führer zu finden, und bat seinen Mentor um die Erlaubnis, ihn verlassen zu dürfen. Der Mentor erlaubte es nicht.

Entschlossen, trotzdem den Weg zu finden, ging Settan, ohne es jemandem zu sagen. Er heftete eine Notiz ans

Tempeltor: »Finde ich den Weg nicht, trete ich niemals mehr durch dieses Tor«, und verließ den Bezirk.

Sein Weg führte ihn zum Orden des Zenmeisters Tôrin, und Settan saß Tag und Nacht in Meditation. Tôrin war einer der wenigen in jenen Tagen noch übriggebliebenen erleuchteten Lehrer. Seine Methode war streng und unberechenbar.

Eines Tages schoß es Settan heiß durch den Kopf, daß er keine Zeit zu verlieren habe. Er stieg auf ein hohes Gebäude und schwor sich, nicht lebend wieder hinabzusteigen, wenn er nicht, noch diese Nacht, die Erleuchtung erreicht hätte.

Die ganze Nacht saß er in tiefer Meditation. Aber bei Tagesanbruch war er immer noch nicht durchgebrochen. Voll Ekel vor sich selbst trat er ans Geländer, um in den Tod zu springen.

Gerade als er sich hinüberschwingen wollte, hörte er das Krähen eines Hahns. In diesem Augenblick öffnete sich Settans Geist und wurde ihm die große Erleuchtung zuteil.

Von Freude überwältigt, eilte er zu seinem Lehrer zurück. Als Meister Tôrin ihn erblickte, bestätigte er sofort: »Du bist durchgebrochen!«

Das gute Herz

Der Laie Sasaki Doppo studierte Zen bei Ganseki. Später erzählte er, wie er seinen Lehrer gefragt habe: »Was ist Buddha?« Und Ganseki habe geantwortet: »Buddha ist das gute Herz.«

Doppo fuhr fort: »Das Wichtigste in der Welt ist ein gutes Herz. Deshalb heißt die normale, gesunde Gemütsverfassung ›der Weg‹.«

Er drückte diese Idee auch in einem Gedicht über Shinto, die Geisterreligion, aus:

Die als Tabu bekannte Verschmutzung
Ist durch den menschlichen Geist erzeugt.
Menschen, die den göttlichen Geist kennen,
Sind selbst göttlich.

Von ihm stammt auch das Gedicht:

Meine Augen: die Sonne,
Mein Gesicht: der Himmel,
Mein Atem: der Wind.
Berge und Flüsse
Stellen sich als »ich selbst« heraus.

Ein Dichter

Jôsô, ein buddhistischer Mönch, war Schüler des berühmten Haiku-Meisters Bashô. Von seinen religiösen Erfahrungen und Erlebnissen sprach er kaum, weshalb er vor allem als Dichter bekannt wurde.

Ursprünglich Samurai, war Jôsô erblicher Dienstmann auf einem großen Feudalbesitz gewesen. Als ältester Sohn sollte er seines Vaters Rittergut erben, doch wollte er lieber Zenmönch werden. Und weil er sehr an seiner Stiefmutter hing, arrangierte er es so, daß das Familienerbe auf deren Sohn, Jôsôs jüngeren Halbbruder, überging.

Im Japan der Feudalzeit war es nicht möglich, eine solche Entscheidung willkürlich zu treffen. Deshalb verletzte sich Jôsô absichtlich die rechte Hand und befreite sich so von seiner Dienstpflicht, indem er geltend machte, er sei nicht mehr tauglich und könne kein Schwert mehr schwingen. Ungeeignet als Krieger, besaß er daher auch nicht mehr die Qualifikation als Oberhaupt eines Samurai-Hauses.

So befreite der Dichter Jôsô sich selbst von weltlichen Dingen und wurde Zenmönch. Nach dem Tod seines Lehrers Bashô zog er sich drei Jahre lang in eine Höhle zurück, wo er, nach dem überlieferten Brauch, eine buddhistische Schrift vollständig auf Kieselsteine schrieb – für jedes chinesische Schriftzeichen ein Kiesel – und diese zu einem »Schrifthügel« auftürmte. Auch verfaßte er einen Ratgeber für Priester und Laien. Obwohl das Buch eine Fundgrube tiefschürfender Gedanken war, nannte er es das »Allerweltsbuch«.

Zur Erinnerung an seinen Rückzug von der Welt komponierte Jôsô folgendes Gedicht in chinesischem Stil:

Eine Schlange, die ihr Haus
Jahrelang auf dem Rücken trug,
Verwandelte sich in eine Schnecke
Und gewann dadurch die Freiheit.
Im brennenden Haus
War es seine größte Furcht,
Daß sein Speichel vertrocknen könnte:
Deshalb suchte er den Regen der Religion
Und bestieg einen Waldberg.

Der Ex-Abt

Yûren war einmal Abt eines Tempels in Edo, der Hauptstadt des dritten Shogunats. Doch machte ihm die Lektüre der Biographien hervorragender Buddhisten einen solchen Eindruck, daß er sich entschloß, sein Amt aufzugeben und sich künftig nur noch seiner spirituellen Entwicklung zu widmen.

Er hinterließ einen Brief, in dem er behauptete, krank zu sein und seine Obliegenheiten als Abt nicht mehr erfüllen zu können, und reiste allein und insgeheim nach Kyoto, der alten Hauptstadt und dem Zentrum der Tradition.

Er hielt sich dann an verschiedenen Orten in der Umgebung Kyotos auf. Niemals sammelte er irgendwelche

Schätze. Morgens und abends sang er buddhistische Gesänge und verfaßte in den Pausen zwischen seinen religiösen Übungen Gedichte.

Doch besaß er kein einziges Buch mit Gedichten. Er hatte keinen Sinn für zierlich gedrechselte Sätze und drückte seine Gedanken immer spontan aus. Gerade deswegen zeichneten sich seine Gedichte durch Ursprünglichkeit aus und unterschieden sich vom Üblichen.

Einmal schrieb er als Überschrift auf ein Bild mit einer auf einen Totenschädel niederblickenden Schönen:

Jetzt nimmst du gewiß
Den Spiegel, in den du morgens und abends
Geblickt hast, nicht mehr zur Hand.
Denn du siehst,
Was dein wirkliches Aussehen ist.

Auch schrieb er mehrere mit einzelnen Buchstaben betitelte Gedichte, unter anderem das folgende:

Über die Felder blickend
Sehe ich mir unbekannten Rauch
Auch heute wieder aufsteigen.
Wessen Leib wird
Morgen die Beute des Feuers werden?

Folgendes Gedicht beschreibt vor dem Mond vorbeifliegende Gänse:

Diese Gänse
Fliegen vorüber und schreien.
Aber mein Herz steht
Beim Mond in der Herbstnacht still.

Ein Priester, der in einem Tempelbezirk in angemieteten Räumen lebte, verursachte aus Unachtsamkeit, daß sie niederbrannten. Aus diesem Anlaß schrieb Yûren:

Benutze eine solche Gelegenheit,
Die endgültige Unerschütterlichkeit
Des schon unbewegten Geistes zu prüfen.

Auf Bitten eines Mannes, der sich in den Dienst eines Edelmanns begab, schrieb Yûren:

Wenn du dein Glück in der Welt suchst,
Vergiß nicht, daran zu denken,
Daß die Welt veränderlich ist.

Und so lautete Yûrens Lied an die Geister:

Zwar erbitte ich nichts
Für das Ich, das ich preisgegeben habe.
Doch will ich zu den Geistern
Um den Pfad des Herzens beten.

Die Ursprungsreligion

Der Hohepriester Tsû-an stammte aus dem einfachen Volk. Er war ein selbstloser Mann, aufrichtig und ehrlich. Nicht nur hatte er Zen studiert, sondern war auch wohlbewandert in allen feinen Künsten wie Teezeremoniell, Weihrauchmischung, Blumenarrangement usw.

Tsû-an studierte außerdem Medizin. Sein Lehrer hatte sich zwar auf Moxa-Hautbehandlung spezialisiert, doch entschloß sich Tsû-an, durchs Land zu reisen und die Wirkungen heißer Quellen zu analysieren und auszuprobieren. Er machte zwei Stellen ausfindig, wo das Wasser besonders heilkräftig war. Doch befanden sie sich in abgelegenen Gegenden, weshalb er eine Technik zur Behandlung gewöhnlichen Wassers entwickelte, die ähnliche Resultate zeitigte. Seine Entdeckung ließ er drucken und verteilte sie in seiner menschenfreundlichen Einstellung gratis.

Als Tsû-an alt wurde, bewahrte er unveränderliche geistige und körperliche Frische. Er war eine höchst angenehme, anregende Persönlichkeit. Eine Hausfrau in seinem Dorf war schon jahrelang krank gewesen und wurde von einem Geist gequält. Sobald sich ihr ein Arzt näherte, schlug sie wild um sich und schimpfte unflätig, so daß sich keiner auf sie einlassen wollte. Als Tsû-an kam, bemerkte sie, obwohl sie im Krankenzimmer lag, seine Gegenwart schon, sobald er die Schwelle ihres Hauses betrat. Sie erschrak furchtbar und ließ sich fügsam untersuchen.

Tsû-an starb im Jahr 1750 im Alter von achtzig. Am Mittag des Tages, an dem er aus dem Leben schied, fühlte er sich den Puls und erklärte, er werde sterben, bevor eine Stunde um sei. Tatsächlich starb er noch in dieser Stunde und hinterließ als Abschiedsgedicht:

Die ursprüngliche Religion
Ist ohne Anfang und so wird sie auch erlebt.
Wenn sich meine Augen für immer schließen,
Ist mein Wesen reine Leere.

Heilung der Zenkrankheit

Als junger Mann erlangte Zenmeister Hakuin, wie die meisten Menschen, zunächst nur teilweise Einsicht und noch nicht die vollständige Befreiung. Er gab sich daher die größte Mühe, den endgültigen Durchbruch zu erzielen.

Nach einem Monat strengster Übungen kam er an den Punkt, wo er Essen und Schlafen vergaß. Schließlich aber wurden Herz und Lungen ernstlich angegriffen. In seinen Ohren war ein ständiges Sausen, und seine Füße wurden eiskalt.

Als er auch noch Fieber bekam und an Angstzuständen und Halluzinationen litt, wurde es ihm zuviel. Er suchte einen Arzt auf, doch ohne Ergebnis. Schließlich erzählte ihm jemand von einem Mann namens Hakuyûshi, dem

»reinen Klausner«, der in einer Berghöhle im Osten Kyotos lebte.

Hakuyûshi sollte schon über zweihundert Jahre alt sein. Äußerlich wirkte er wie ein Schwachsinniger. Tief in den Bergen lebend, empfing er nur ungern Besucher. Näherte sich einer, floh er Hals über Kopf. Doch die Leute der Gegend hielten ihn für einen Weisen. Er kannte sich gut in der Astronomie aus und war sehr versiert in der ärztlichen Kunst. Wenn ihn Menschen ernsthaft um Auskunft baten, sagte er manchmal etwas, was sich bei näherer Betrachtung als sehr segensreicher Ratschlag erwies.

Hakuin brach im Winter 1710 nach Kyoto auf, um Hakuyûshi einen Besuch abzustatten. Er drang immer tiefer in die Berge vor, die östlich der alten Hauptstadt begannen, und fragte Holzfäller nach dem Weg. Er kämpfte sich durch den Schnee, schob sich an steilen Felswänden entlang und gelangte nach vielen Strapazen zu einer Höhle, vor deren Eingang ein Schilfvorhang hing.

Als Hakuin durch die Spalten des Vorhangs in die Höhle blickte, sah er dort Hakuyûshi mit geschlossenen Augen dasitzen. Er hatte dunkles, bis zu den Knien fallendes Haar und gesunde rote Haut. Auf einem Pult lagen drei Bücher: ein konfuzianischer Klassiker, ein taoistischer Text und eine buddhistische Schrift. Nirgends waren irgendwelche Geräte oder ein Bett zu sehen. Die ganze Atmosphäre atmete überirdische Reinheit, jenseits aller menschlichen Interessen.

Schüchtern und nervös berichtete Hakuin dem Eremiten von seinen Symptomen und bat um Hilfe. Zuerst tat Hakuyûshi so, als wisse er gar nichts, und machte Ausflüchte. Doch als Hakuin nicht nachließ, willigte der Eremit schließlich ein, ihn gründlich zu untersuchen.

Nach der Untersuchung runzelte er die Stirn und sagte: »Du hast dich ruiniert. Exzessive Meditation hat ernste Symptome hervorgerufen. Ich fürchte, niemand wird dich mit den üblichen Methoden der Akupunktur, Moxa-Hautbehandlung und Medikation heilen können. Du hast dich durch deine Meditation selbst zum Krüppel gemacht. Wenn es dir nicht gelingt, die positiven Wirkungen der Meditation zu nutzen, wirst du niemals wieder gesund werden. Das ist es, was mit dem Spruch gemeint ist: ›Wer auf den Boden fällt, muß vom Boden wieder aufstehen.‹«

Hakuin sagte, er werde die Zenmeditation aufgeben, um wieder gesund zu werden. Da aber lächelte Hakuyûshi und sagte: »Zenmeditation ist keine spezielle Methode. Meditation ist nur richtige Meditation, wenn keine absichtliche Meditation stattfindet. Zu viel Meditation ist falsche Meditation. Du bist wegen zu viel Meditation krank geworden. Jetzt solltest du Nicht-Meditation ausüben, um dich selbst zu heilen.«

Hierauf unterwies der Eremit Hakuin in der ursprünglichen, richtigen Methode der reinen Meditation, indem er aus buddhistischen Schriften und der Zenüberlieferung zitierte. Er erwähnte auch eine wunderbare Technik gegen gedankliche Überanstrengung und Ermüdung, die sich, wie er sagte, in der Literatur der Alten finde. Hakuin fragte ihn nach Einzelheiten.

Hakuyûshi erklärte: »Wenn du durch Konzentrationsübungen krank wirst, solltest du deinen Geist veranlassen, sich folgendes vorzustellen: einen Klumpen weicher, reiner, duftender Butter auf deinem Kopf. Sie kühlt dir mit ihrer Frische den Kopf, fließt dann allmählich über Schultern, Brust, Lunge, Leber, Magen und Eingeweide sowie das Rückgrat hinab bis zu den Hüften. Plötzlich wird sich die Stauung in deiner Brust lösen und wie Wasser nach unten abfließen, durch den ganzen Körper hindurch, an den Beinen entlang bis zu den Fußsohlen, wo sie zu fließen aufhört.

Stelle dir dann vor, daß die dich durchdringende restliche Flüssigkeit sich sammelt und viele aromatische Arzneien sich zu einer Lösung vermischen, die den Körper von der Bauchgegend an abwärts durchtränkt und durchdringt.

Läßt du diese Vorstellung als Erzeugnis deines Geistes in dir wachsen, so wirst du einen herrlichen Duft riechen und im ganzen Körper von feinen Strömen durchrieselt werden. Körper und Geist werden in Harmonie sein und sich wohlbefinden. Die Stauung verschwindet, deine Eingeweide arbeiten wieder harmonisch, deine Haut wird glänzend und du wirst großen Energie- und Kraftzuwachs verspüren.

Bleibst du beharrlich bei dieser Methode, so wirst du dich körperlich wohlbefinden und geistig erhoben werden. Ob sich die Wirkungen langsamer oder schneller einstellen, hängt ganz davon ab, wie eifrig du übst.

Ich hatte schon viele Krankheiten, weit schlimmer als die deinen. Doch durch diese Methode gelang es mir, die meisten meiner chronischen Übel innerhalb eines Monats loszuwerden. Jetzt lebe ich in diesen Bergen, ohne Furcht vor Kälte und ohne Hunger zu leiden. All dies verdanke ich nur dieser wunderbaren Vorstellung.«

So unterwiesen, verließ Hakuin den Eremiten wieder. Nach drei Jahren Praxis war er geheilt. Und nicht nur geheilt: Er wurde auch mit seinen Zweifeln fertig. Mehrere Male erlebte er große Ekstasen und gewann zahlreiche wunderbare Einsichten. Er erreichte ein hohes Alter und schrieb seine Gesundheit und Stärke den Nebeneffekten der Technik zu, die er vom Eremiten Hakuyûshi gelernt hatte.

Zen im Alltag

Man-an schrieb an einen Regierungsbeamten: »Die Menschen jeden Berufs müssen sich um alle möglichen Dinge kümmern. Wie sollen sie da noch Zeit und Muße finden, jeden Tag in schweigender Kontemplation still dazusitzen? Hier gibt es Zenlehrer, denen es nicht gelungen ist, die konzentrierte Sitzmeditation mit ihren Schülern zu entwickeln. Sie lehren statt dessen Zurückgezogenheit und Ruhe außerhalb der Menschenansammlungen und behaupten, ›intensive, konzentrierte Meditation ist in der Hektik des Berufs, der Geschäfte und der Arbeit nicht zu schaffen‹. Dadurch führen sie ihre Schüler in eine falsche Richtung geistiger Aktivität.

Menschen, die auf solche Reden hören, denken dann, Zen sei etwas schwer zu Vollbringendes und Praktizierendes. Sie geben infolgedessen ihren Impuls, Zen zu pflegen, auf, verlassen die Quelle, versuchen der Aufgabe auszuweichen und werden so immer wieder zu einer Art geistiger Wanderarbeiter. Es ist wirklich ein Jammer. Und wenn sie aufgrund irgendeiner Ursache in der Vergangenheit doch noch von einem inneren Drang und Streben erfüllt sind, begeben sie sich irgendwohin, wo sie ihren Beruf vernachlässigen und um des Weges willen alle sozialen Tugenden verlieren.

Wie einst ein Alter gesagt hat: Sehnten sich die Menschen heutzutage so sehr nach Erleuchtung, wie sie sich nach der Umarmung ihrer Geliebten sehnen, so wäre es gleichgültig, wie beschäftigt sie beruflich und wie luxuriös ihre Wohnungen eingerichtet sind. Sie würden sich unbedingt und unablässig konzentrieren, bis das große Wunder geschähe.

Viele Menschen der alten und neuen Zeit sind zum Weg erwacht und haben das Wesentliche inmitten der Hektik der Geschäfte erblickt. Alle Wesen zu allen Zeiten und an allen Orten sind Manifestationen des einen Geistes. Wenn der Geist erregt ist, empören sich die Dinge gegen ihn. Ist der Geist ruhig, sind alle Dinge ruhig. Solange der eine Geist noch ungeboren ist, sind alle Dinge ohne Tadel. Deshalb: Selbst wenn jemand sich an ruhigen und stillen Orten tief im Gebirge aufhält und in schweigender Meditation ruhig dasitzt – solange dem ›Begriffspferd‹ des ›Geistesaffen‹ die Straße nicht verlegt ist, verschwendet er nur seine Zeit.

Der dritte Patriarch des Zen hat gesagt: ›Versuchst du, die Bewegung mit Gewalt anzuhalten und zur Stille zu kommen, so wird dieses Anhalten nur noch mehr Bewegung erzeugen. Versuchst du, wahres Sosein zu erreichen, indem du die zufälligen Gedanken zu vernichten trachtest, wirst du deinen Lebensgeist nur quälen, deine Gedankenenergie verringern und dich selbst krank machen. Und nicht nur dies: Du wirst vergeßlich und zerstreut werden und dich in ein Chaos der Verwirrung stürzen.‹«

Keine Spreu

Zenmeister Settan wurde einmal eingeladen, in einem Kloster über einen Zen-Klassiker zu sprechen. Der Feudalherr der Provinz wollte sich, hinter einem Schirm verborgen, den Vortrag anhören.

Als sich Settan erhob und den Schirm erblickte, rief er: »Wer ist dieser Unverschämte, der da hinter einem Schirm zuhört? In meinen Vorträgen gibt es keine Spreu, also braucht man auch kein Sieb! Wenn du da hinter deinem Schwingkorb nicht hervorkommst, gibt es heute keinen Vortrag!«

Die Zuhörer wurden kreidebleich, der Herr war in größter Verlegenheit. Er entschuldigte sich bei dem Zenmeister, ließ den Schirm entfernen und saß dann wie alle anderen da, um dem Vortrag zuzuhören.

Richtlinien

Settan schrieb einst Richtlinien für Zenklöster nieder: »Ein Alter hat gesagt, das Zenstudium habe drei wesentliche Voraussetzungen: erstens eine starke Glaubenswurzel, zweitens ein großes Staunen, drittens eine große Entschlossenheit. Fehlt eine dieser drei, seid ihr wie ein Dreifuß, dem ein Bein fehlt.

Ich stelle keine besonderen Forderungen. Ich verlange nur, daß ihr deutlich erkennt: Jeder Mensch besitzt eine wesentliche Natur, die wahrgenommen werden kann. Und: Es gibt eine wesentliche Wahrheit, zu der jedermann durchdringen kann. Nur wenn ihr das erkennt, werdet ihr standhaft bleiben. Außerdem gibt es Aussprüche, um über sie nachzudenken. Wenn jemand nur halbbewußt und halbwach herumläuft, kann er im Zen nicht wirklich erfolgreich sein. Es ist unbedingt notwendig, achtsam und standhaft zu sein.«

Lehrer der Nation

Shôichi reiste 1235 nach China, wo er bei einem der größten damaligen Meister die Geheimnisse des Zen erlernte. Nach seiner Rückkehr nach Japan im Jahre 1241 begann Shôichi selbst im ländlichen Süden Zen zu unterrichten. 1243 wurde er von dem hervorragenden Hofbeamten Fujiwara Michiie nach Kyoto, der kaiserlichen Hauptstadt, eingeladen. Er starb 1280 im Alter von achtundsiebzig Jahren.

Als Shôichi 1245 Kaiser Gosaga begegnete, schenkte er ihm die Kopie des »Quellenspiegel-Berichts«, einer sehr umfangreichen Sammlung buddhistischer Lehren, die von einem berühmten chinesischen Zenmeister des 10. Jahrhunderts zusammengestellt worden war. Der Kaiser pflegte in jeder freien Stunde in diesem Werk zu lesen. Als er es durchgelesen hatte, schrieb er auf den Rücken des Umschlags: »Von Meister Shôichi haben wir dieses Buch empfangen. Wir haben jetzt das Wesentliche erblickt.«

Als der Hofbeamte Fujiwara Michiie Shôichi um Zen-Unterweisung bat, sagte dieser: »Es geht hier nur darum, Entschiedenheit und Willensstärke zu beweisen, so daß du inmitten aller Auseinandersetzungen und Auszeichnungen dein eigner Herr bleiben kannst.«

Lotos im Schlamm

Torio Tokuan sagte: »Halte dich nicht für etwas Besseres als das gewöhnliche Volk. Der Durchschnittsmensch steigt und fällt auf der Straße des Ruhms und des Reichtums, ohne den Weg zu praktizieren, ohne dem Weg zu folgen.

Er verdient nur Mitleid, nicht Verachtung oder Ablehnung. Gib der Kritik nicht Raum, indem du dich mit ihm vergleichst. Laß die Vorstellung von höher oder tiefer nicht in dir Wurzel schlagen.

Diese Einstellung braucht der, der den Weg der Weisen und Heiligen, Buddhas und Bodhisattvas betreten will. Deshalb begeben wir uns aufs Niveau des gewöhnlichen Volkes und passen uns der Norm an, während unser Wille sich auf dem Weg befindet und wir dessen Wunder erforschen.«

Der große Tod

Itachi Jitoku war ritterlicher Dienstmann einer Feudalherrschaft, als er sich zu offen und direkt äußerte und bei einem hohen Verwaltungsbeamten aneckte. Darauf wurde ihm sein Amt entzogen und er selbst in einer Festung eingekerkert.

Dreizehn Jahre lang saß Jitoku in seiner Zelle, gleichgültig gegen alle Entbehrungen der Gefangenschaft. Die Gesetze des Landes gestatteten Gefangenen keine Lektüre außer buddhistischen Texten, weshalb sich Jitoku eine Kopie des ganzen Kanons auslieh und sie durchlas. So verbrachte er seine Tage, versunken im Ozean der buddhistischen Lehre.

Schließlich wurde Jitoku begnadigt und in seine früheren Rechte wieder eingesetzt. Inzwischen über sechzig Jahre alt, suchte er den berühmten Zenmeister Ekkei auf, um bei ihm sein Verständnis zu vertiefen.

Kaum war Jitoku in der Tür erschienen, als der Zenmeister auf ihn zusprang und mit den Fäusten auf ihn einschlug.

Der Ritter war wütend. Nie hatte ihn bisher jemand geschlagen, nicht einmal sein Vater. Er ging zu Dokuon, einem anderen Zenmeister, und erzählte ihm zornig von seiner Absicht, Ekkei zum Zweikampf auf Leben und Tod zu fordern.

Zenmeister Dokuon, der sah, wie ernst es dem Ritter war, lächelte nur und sagte: »Der alte Ekkei war immer bereit, sein Leben für die Wahrheit zu geben. Ich bin sicher: Selbst wenn du ihn töten würdest, würde ihm das nicht leid tun. Aber er hat ja nur versucht, dir zu helfen.

Du weißt nicht, welche Kraft wirklich in seiner Faust steckt! Tötest du ihn aber ohne guten Grund, so ist das glatter Mord. Warum nicht einen Schritt zurückweichen und versuchen, ob dir ein Durchbruch gelingt? Ich bin sicher, du wirst dann bemerken, wie gut es Ekkei in Wirklichkeit mit dir meinte.«

Besänftigt nahm Jitoku Dokuons Ratschlag an und ging nach Hause, um zu meditieren. Drei Tage und drei Nächte konzentrierte er sich mit aller Energie, bis er schließlich den großen Zentod starb, bei dem alle Schranken des Ichs fallen.

Zu Dokuon zurückkehrend, sagte Jitoku: »Jetzt weiß ich, daß Ekkei wirklich nur seine Muskeln spielen ließ. Hätte ich mich doch totschlagen lassen! Dann hätte ich einen noch größeren Durchbruch erzielt!«

Zen und die Welt

Als 1866 Zenmeister Gisan ein Ehrentitel vom japanischen Kaiser verliehen wurde, antwortete er mit folgenden Gedichten:

MENSCH UND GESETZ
Sich selbst und anderen zu helfen,
Ist meine Erleuchtung:
Sie ist Familienpflicht und Bürgertreue,
Nie wird sie durch den Alltag verdunkelt.

SEGEN DES BUDDHISMUS FÜR DIE VÖLKER
Töte nicht, und das Leben wird genügen,
Stiehl nicht, und Güter werden reichlich vorhanden sein.
Wie wunderbar die Ethiklehren sind!
Sie machen Völker reich und geben Familien Halt.

DEN STAAT SCHÜTZEN
Was schlecht ist, tue nicht,
Was gut ist, führe aus:
Dann werden Oben und Unten zur Harmonie kommen
Und Gut und Schlecht nicht mehr gegeneinander kämpfen.

Zum Herausgeber

Thomas Cleary, geboren 1949 in den USA, studierte Ostasiatische Sprachen und Kulturen an der Kyoto University und an der Harvard University, wo er promovierte. In mehrjährigen Aufenthalten in Japan vertiefte er sein Wissen um Buddhismus, Taoismus und Konfuzianismus wie auch seine Sprachkenntnisse: Er beherrscht neben Japanisch auch Chinesisch, Sanskrit und Arabisch. Aus diesen Sprachen hat er mehr als 30 Bücher übersetzt und herausgegeben. Er gilt als einer der versiertesten Kenner chinesischer und japanischer Religion, Philosophie und Poesie. Für das vorliegende Buch hat er mehr als 100 Geschichten und Anekdoten von Zenmeistern und ihren Schülern zusammengetragen und aus dem Chinesischen und Japanischen übersetzt: Viele von ihnen liegen hiermit zum ersten Mal in englischer bzw. deutscher Sprache vor.

Weitere Bände zum Thema ZEN
in Diederichs Gelbe Reihe

Robert Aitken
Zen als Lebenspraxis
Aus dem Amerikanischen von Christian Quatmann
Vorwort von Gary Snyder
Diederichs Gelbe Reihe Band 78, 192 Seiten

Robert Aitken, langjähriger Zenmeister, vermittelt lebendig und anschaulich die tägliche Übungspraxis des Zen: von Fragen der Atmung und der Organisation einer Sitzung, über die Lehrer-Schüler-Beziehung bis zu den zehn Geboten der sittlichen Zucht. In klarem methodischem Aufbau zeigt Aitken Roshi den Zusammenhang zwischen der Praxis des Zazen und der Lehre des Zen.

»Beim Lesen dieses Buches erfährt man, so unmittelbar, wie das zwischen zwei Buchdeckeln nur möglich ist, jene Warmherzigkeit, Weisheit und Furchtlosigkeit großer Lehrer, die sonst nur in deren Gegenwart spürbar werden.«
The Middle Way

Robert Aitken
Ethik des Zen
Aus dem Amerikanischen von Christian Quatmann
Diederichs Gelbe Reihe Band 79, 256 Seiten

Was unterscheidet die Zehn Gebote des Zen von den christlichen? Was hat ein Zen-Koan mit William Shakespeare zu tun? Und was bedeutet schon Zen angesichts der nuklearen Bedrohung hier und heute? Robert Aitken erklärt es in 21 faszinierenden Kapiteln über die Ethik des Zen.

Das Weisheitsbuch des Zen
Koans aus dem Bi-Yän-Lu
Ausgewählt, bearbeitet und erläutert von Achim Seidl
Diederichs Gelbe Reihe Band 98, 320 Seiten

Eine essentielle Auswahl von Koans aus dem Bi-Yän-Lu, der »Niederschrift von der Smaragdenen Felswand«, in der kongenialen Übersetzung von Wilhelm Gundert. Achim Seidl führt versiert in die Hintergründe des Zen ein, die das Verständnis dieser Mischung aus gemalten Gedichten, Tiefenpsychologie und ernstem Spiel erleichtern.

Rients R. Ritskes
Zen für Manager
Diederichs Gelbe Reihe Band 103, 144 Seiten

Das Buch lehrt ein effektives Führungsverhalten, bei dem der Manager bestimmte wesentliche Elemente der Zen-Philosophie in der Praxis anwendet. Durch die Zen-Meditation lernt man, sich selbst vorurteilslos zu betrachten, und dadurch mehr Kreativität und Menschenkenntnis zu erlangen.

Dennis Genpo Merzel
Durchbruch zum Herzen des Zen
Aus dem Amerikanischen von Christian Quatmann
Diederichs Gelbe Reihe Band 111, 195 Seiten

Eine Sammlung von vierzehn Dharma-Vorträgen des amerikanischen Zenmeisters Dennis Genpo Merzel über das altchinesische Gedicht Hsin-hsin-ming aus dem 6. Jahrhundert. Mit klaren, kraftvollen Worten fordert er uns auf, uns von Gier, Haß und Verblendung zu befreien und unsere wahre Natur zu erkennen und zu akzeptieren.

DIEDERICHS GELBE REIHE
Die lieferbaren Bände

DG 1 I Ging
DG 5 Han Shan: 150 Gedichte vom Kalten Berg
DG 6 Das Totenbuch der Tibeter
DG 7 Heinrich Zimmer: Der Weg zum Selbst
DG 8 Helmuth von Glasenapp: Pfad zur Erleuchtung
DG 12 Hellmut Wilhelm: Sinn des I Ging
DG 13 Geshe Lhündub Söpa u. Jeffrey Hopkins: Der Tibetische Buddhismus
DG 14 Dschuang Dsi: Das wahre Buch vom südlichen Blütenland
DG 15 Upanishaden
DG 16 Mahabharata
DG 17 Über den Rand des tiefen Canyon
DG 18 Popol Vuh
DG 19 Laotse: Tao te king
DG 20 Annemarie Schimmel: Rumi
DG 21 Bhagavadgita / Aschtavakragita
DG 22 Kungfutse: Gespräche. Lun Yü
DG 23 Al Ghasali: Das Elixier der Glückseligkeit
DG 24 Basil Johnston: Und Manitu erschuf die Welt
DG 26 Le Saux/Abhishiktananda: Die Spiritualität der Upanishaden
DG 27 Idries Shah: Die Sufis
DG 28 Liä Dsi: Das wahre Buch vom quellenden Urgrund
DG 29 Tantra in Tibet
DG 30 Chang Chung-yuan: Tao, Zen und schöpferische Kraft
DG 31 Li Gi. Das Buch der Riten, Sitten und Bräuche
DG 32 Annemarie Schimmel: Und Muhammad ist Sein Prophet
DG 33 Heinrich Zimmer: Indische Mythen und Symbole
DG 35 Der Sohar. Das heilige Buch der Kabbala
DG 37 Annemarie Schimmel: Gärten der Erkenntnis
DG 39 Emma Brunner-Traut: Die Kopten
DG 40 Orpheus. Altgriechische Mysterien
DG 41 Lati Rinpoche/Jeffrey Hopkins: Stufen zur Unsterblichkeit
DG 42 Mong Dsi: Die Lehrgespräche des Meisters Meng K'o
DG 44 Thomas Hoover: Die Kultur des Zen
DG 45 Ramayana
DG 46 Germanische Götterlehre
DG 47 Hans Findeisen u. Heino Gehrts: Die Schamanen
DG 48 Christian Rätsch/K'ayum Ma'ax: Ein Kosmos im Regenwald
DG 51 Erfahrungen mit dem I Ging
DG 52 Franz Carl Endres u. Annemarie Schimmel: Das Mysterium der Zahl
DG 53 Gerhard Wehr: Die Bruderschaft der Rosenkreuzer

DG 54 Nordische Nibelungen
DG 55 Mary Steiner-Geringer: Tarot als Selbsterfahrung
DG 56 Albert Y. Leung: Chinesische Heilkräuter
DG 57 Christian Rätsch: Chactun. Die Götter der Maya
DG 61 John Blofeld: Der Taoismus
DG 62 Alfred Douglas: Ursprung und Praxis des Tarot
DG 63 Janheinz Jahn: Muntu
DG 64 Richard Wilhelm und C. G. Jung: Geheimnis der Goldenen Blüte
DG 65 Astrologie des I Ging
DG 67 Heinrich Zimmer: Abenteuer und Fahrten der Seele
DG 68 Wolfram Eberhard: Lexikon chinesischer Symbole
DG 71 Christian Rätsch: Indianische Heilkräuter
DG 73 Hans Wolfgang Schumann: Der historische Buddha
DG 74 Heinrich Seuse u. Johannes Tauber: Mystische Schriften
DG 76 Mahatma Gandhi: Wegweiser zur Gesundheit
DG 78 Robert Aitken: Zen als Lebenspraxis
DG 79 Robert Aitken: Ethik des Zen
DG 82 Annemarie Schimmel: Muhammad Iqbal
DG 84 Namkhai Norbu: Der Zyklus von Tag und Nacht
DG 85 M. Hiriyanna: Vom Wesen der indischen Philosophie
DG 86 Ikkyu Sôjun: Im Garten der schönen Shin
DG 87 Chantal Zheng: Mythen des alten China
DG 88 Rocque Lobo: Traum und Karma im Ayurveda
DG 89 Uwe Topper: Sufis und Heilige im Maghreb
DG 90 Taisen Deshimaru: Die Lehren des Meister Dogen
DG 91 Weisheit der Völker
DG 92 Volker Zotz: Der Buddha im Reinen Land
DG 93 L. S. Dagyab: Buddhistische Glückssymbole im tibetischen Kulturraum
DG 94 Mo Ti: Von der Liebe des Himmels zu den Menschen
DG 95 George William Russell – A. E.: Weg zur Erleuchtung
DG 96 Benjamin Walker: Gnosis
DG 97 Seyyed Hossein Nasr: Ideal und Wirklichkeit des Islam
DG 98 Das Weisheitsbuch des Zen
DG 99 Hans Wolfgang Schumann: Buddhismus
DG 100 Peter Sloterdijk u. Martin Buber: Mystische Zeugnisse
DG 101 Omar Ali-Shah Sufismus für den Alltag

DG 102 Annemarie Schimmel: Von Ali bis Zahra
DG 103 Rients R. Ritskes: Zen für Manager
DG 104 Barbara C. Sproul: Schöpfungsmythen der östlichen Welt
DG 105 Barbara C. Sproul: Schöpfungsmythen der westlichen Welt
DG 106 Geshe Thubten Ngawang: Vom Wandel des Geistes
DG 107 Sri Chinmoy: Veden, Upanishaden, Bhagavadgita
DG 108 Friedrich Weinreb: Kabbala im Traumleben des Menschen
DG 109 Dominique Viseux: Das Leben nach dem Tod
DG 110 René Grousset: Die Reise nach Westen
DG 111 Dennis Genpo Merzel: Durchbruch zum Herzen des Zen
DG 112 Åke Hultkrantz: Schamanische Heilkunst und rituelles Drama
DG 113 I. P. Couliano: Jenseits dieser Welt
DG 114 Hans Wolfgang Schumann: Mahayana-Buddhismus
DG 115 Christian Rätsch: Heilkräuter der Antike
DG 116 Gerhard Wehr: Spritiutelle Meister des Westens
DG 117 Hartmut Kraft: Über innere Grenzen
DG 118 Isabelle Robinet: Geschichte des Taoismus
DG 119 Idries Shah: Sufi-Wege zum Selbst
DG 120 H. P. Blavatsky: Theosophie und Geheimwissenschaft
DG 121 Rumi: Von Allem und vom Einen
DG 122 Dominique Hertzer: Das Mawangdui-Yijing
DG 123 Andreas Gruschke: Mythen und Legenden der Tibeter
DG 124 Murad Hofmann: Reise nach Mekka
DG 125 Malidoma Somé: Vom Geist Afrikas
DG 126 Dominique Hertzer: Das alte und das neue Yijing
DG 127 Gerd Becher/Elmar Treptow: Vom Frieden der Seele
DG 128 Hanna Moog: Leben mit dem I Ging
DG 129 Hans Wolfgang Schumann: Die großen Götter Indiens
DG 130 Helmuth von Glasenapp: Die fünf Weltreligionen
DG 131 Gerardo Reichel-Dolmatoff: Das schamanische Universum